U0041362

四個神聖的秘密

關於愛與富足

普瑞塔吉 SRI PREETHAJI
克里希納吉 SRI KRISHNAJI
著

目錄

序文

第一部

第二部

第三部

第四部

尾聲

序文
這是我正在走的一條道路

——金惟純⊙撰

與本書作者普瑞塔吉的緣分，來自曾應邀和她公開對談，並參加她主持的「重返豐盛之域」工作坊。對她十分敬佩，也獲益良多。

非常感謝有緣為本書寫序。這不是客套話，而是因為我在過程中收穫滿滿。

十分巧合，當我收到書稿，開始閱讀時，自己在工作和關係上，正發生極為少見的重大事件。因此，我一面閱讀，一面密集練習書中建議的「靈魂同步法」，不斷轉化自己的生命及意識，盡可能讓自己處於內在「美好狀態」中。

這過程持續了大約一週，其間不乏面對自己和他人的情緒，也出現若干有挑戰性的溝通磨合，但我始終保持平靜、覺得自己有力量，因而最後的結果十分圓滿，充分感受到從「內在美好狀態」中升起的智慧。

因為這樣的體驗，我相信本書將與我終生相伴、不離不棄。這也讓我想起論語的第一句話：「學而時習之，不亦樂乎。」如果你和我一樣的使用本書，相信也會和我一樣的明白：孔老夫子到底在樂什麼？

本書所揭露的四個神聖秘密，用我們熟悉的語言來說，就是破除我執、修出覺性、生歡喜心，臻至天人合一。人生大道，盡在其中！也是我正在走的一條道路。

其中我稱之為「天人合一」的部分，包括喚醒宇宙智慧、及採取靈性的正確行動，是我最有感受的。在我的經驗中，凡是從「我執」出發，自編自導自演的人生事件，常常歹戲拖棚，結局乏善可陳。若生命狀態處於「覺醒」中，臣服於一切發生，往往老天演戲給你看，結果不可思議。我個人的經驗，完全驗證四個神聖秘密，真實不虛。

本書的特點，是以平易近人的現身說法為表述方式，簡單到極致，又究竟無缺，因此適合所有人閱讀。無論是初學者，或資深修行人，都能從其中獲益。

但本書最大的價值，是提供了極為可行的實修法門。我個人體驗的結果，發現過程是愉悅的，實踐是容易的，效果是立即的，境界是深遠的。

所以，最後忍不住叮嚀一句：千萬不要「只學不習」，否則就錯過了這本書的緣分，也辜負了作者的慈悲心！

金惟純，《商業周刊》創辦人

序文
超越平庸，進入富足
——黃鵬謠⊙撰

這不是一本普通的書，這不是一本讀完就可以束之高閣的書，這是一本值得每天閱讀、隨身攜帶的書。

本書的目標是要幫助你超越平庸，創造豐盛富足、滿載愛意的人生。本書適合閱讀對象：一、想突破自己人生夢想的人。二、對開悟的生活方式滿懷熱情的人。三、想成為有意識的財富創造者。四、想建立團隊的企業領導人。五、政治人物，但想要尋找更高服務願景的領導者。

本書涵蓋的面向有：一、秘密內文。二、寓言故事。三、功法練習（靈魂同步法）。四、成功案例。序者從事汽車銷售 Mercedes Benz 及不動產經紀業務ＥＲＡ已超過三十五年，在三十五年的業務生涯中我驚奇的發現，要把業績做好，只要懂得一些基本的商業技巧、定律及專業即可；但要每天快樂的工作著，則需要有更高的服務願景及熱情。在 COVID-19 之後，科技及商業模式不斷更迭之際，改變及創新完全取決於我們自身的思考模式，這本書中文版的發行，使我們打破執迷於自我中心的魔咒，讓我們從內向外連結，感受生命是無限的、是壯闊的、是共時性的。

作者克里希納吉（Sri Krishnaji）和普瑞塔吉（Sri Preethaji）是一對年輕、高學歷及一脈相傳的開悟者。他們的課程在全球各地幫助成千上萬的人，從擺脫擔憂、恐懼、悲傷、憤怒、孤獨……從「斷連」邁向「連結」，透過轉化意識，用一種「美好狀態」的方式來體驗這個世界。如同作者所言：「生命是壯闊之河，奔騰不歇，時時帶給我們相愛、連結、拓展的新契機。但是，如果我們想抓住機會，就必須從過去解脫，那段過去讓我們困在泥濘淤塞的河岸，無法動彈。」

值此台灣人口提前進入負成長之際，二〇二五年台灣將邁入超高齡社會，少子化、高齡化及科技化的橘色經濟正在台灣的每個城市生活角落發生。他們懂得享受，願意學習，更追求讓自己「活得有意義」。台灣若能善用當前的資通訊軟硬體技術，發展創新解決方案，解決熟齡族的需求並且在地化，就能打造永續經營的「熟齡」商業模式。宇宙的恆定定律，有它的持續性、穩定性，也有變動性，問題是如何在生活當中打破我們的習慣，活出真善美人生價值。本書中文版的發行，有如荒漠甘泉來自天堂的禮物。

全書共計四部，尾聲是有關印度O&O學院的問與答，讀者不妨先從第一部開始讀起，每一部之後的練習則是讓我們有機會去感受當下的自我及進入喜悅的美好狀態。你進入靈魂同步練習時，也許剛開始你不會有什麼感覺，這是需要時間練習的，因為不經一番寒徹骨，焉得梅花撲鼻香。當然你也可以在書的最後取得進一步的靜心資訊，和作者每天一起練習，一起為周遭的人創造改變。

我們身處人類歷史的轉捩點，我們可以實現更高層次的集體進化。讓財富源源不絕進入我們的生命，這對整個世界將帶來何等的意義。

黃鵬謠，美商ERA易而安不動產董事執行長、
CCIM台灣不動產投資協會榮譽理事長、
中華民國不動產仲介經紀業營業保證基金第五屆主任委員、
台北市不動產仲介經紀商業同業公會榮譽理事長

前言

——普瑞塔吉⊙撰

我推開門扉，步上陽台，感覺清爽的空氣轉為微濕。微風捎來了遠方溼潤土壤的氣息，兩簇巨大的烏雲籠罩上空，降下雨水，隨後揚長而去。屋簷滴落水珠，在花園積起小池塘。一聲蛙鳴響亮，接著另一隻蛙應和，不久此起彼落奏起交響曲。我的感官充盈欣喜，極度的喜悅自四面八方流入我全身，然後平息為深刻的寧靜。財務長從洛杉磯來電，商討我們即將推出的靜心應用軟體，在談話過程中，我的內在始終保持靜定……話語潺潺流洩。

為什麼生命不能總是如此得心應手？

為什麼在人際關係中，深刻、豐富和滿足的時刻這樣稀少？為什麼在攀登躍入成就的道路上，我們前進得如此緩慢，如此窒礙難行？為什麼幸福稍縱即逝？即使見到孩子微笑，擁抱親愛之人，或是因出色表現贏得掌聲，我們的欣喜依然一閃而逝。為什麼歡欣雀躍之情轉眼便消退，焦慮、煩憂、懷疑卻取而代之？

數千年來，人類持續尋覓上述問題的答案。我們追求無數方法，希冀喚醒更圓滿美好的生命狀態；我們勤於精進自我，不僅通曉古老法則，更掌握時下最新知識。

可是，儘管這麼費心籌畫，但我們更接近夢想的生活了嗎？還是只得到暫時的成果？

採取策略並沒有錯，但本書的目標是要幫助你超越平庸，創造豐盛富足、滿載愛意的人生。屆時，那份喚醒的力量將遠勝於任何你能精通的技巧——只要開啟它即可。

這就是意識轉化的力量。

換句話說，我們談的不是克制頭腦或是擁抱更好的習慣。我們談的是，轉換你體驗實相的方式，你體驗自我、體驗周遭世界、體驗一切事物的方式。

請想想這代表什麼。

以截然不同的方式體驗人生，會是什麼感覺？如果大腦的嶄新區域受到啟動，進而活躍起來，讓你在原本重重障礙之處看見轉機，終於感受到幸運與時間站在你這一邊。這會是什麼感覺？

擁有這般強大的意識，能夠開啟多少可能性？

假如你就像我們過去三十年來所遇到的人，那麼想必十分渴望這樣的知識。三十年前，我的公婆、尊者巴關（Sri Bhagavan）和阿瑪（Sri Amma）創立靈性學院「合一大學」（Oneness），幫助渾渾噩噩生存度日的人進入真正的生活。而二十年後，我丈夫克里希納吉（Sri Krishnaji）和我自行創立哲學與靜心學校「一世界學院」（One World Academy），提倡意識轉化。

兩年前，公婆將合一大學交棒給克里希納吉和我，於是我們將兩大組織合併，更名「O＆O學院」（O&O Academy）。我們的課程幫助成千上萬的人培養出不再傷痛的關係，以不具侵略性的方式創造成就，擺脫恐懼的生活；又教導大家如何從斷連邁向連結，從分離邁向合一，從受苦狀態邁向美好狀態，並且在這個過程中，使身為個人、身為家庭與組織一分子的自我得以轉化。

在父母的祝福下，我們共同創造了Ekam（合一場域），一個神性力量的場域。合一場域是一個恩典戰勝命運的場域，上千萬人在此體驗到了個人的內在神性以及開悟的意識狀態。

它就像是一個門戶，將尋求者帶入超驗，這是地球上獨一無二的空間！各種國籍、文化的人們來到合一場域拜訪，為了了悟自我與了悟神性。在此處舉行的慶典中，經常有奇蹟和恩典的體驗發生。

不妨把本書當成指南，帶領你解開人類意識的超凡潛力。悲傷的是，多數人從未學習如何探入深層的智慧之源。怪不得我們為了抓住幸福、取得成就，投注這麼多時間謀劃打算，彷彿是強留不肯再喝杯茶才走的客人！

接下來的篇幅，我們將與你分享四大神聖祕密，協助你掌握意識的無窮力量。每個祕密都將引發一趟生命之旅，讓你清除障礙，實現夢想，使浩瀚的意識擴展，與你所愛的人緊密相繫。

透過轉化意識，你將得到豐厚的獎賞：用一種「美好狀態」（這是我和克里希納吉所稱的）的方式，體驗這個世界。在這個狀態中，生命將充滿愉悅，不費吹灰之力，許多機會輕鬆自然地湧入生活，素未謀面的人樂於與你為友、給予支持，旅程的每一步都有人對你伸出援手，你再也不會陷入瓶頸，直覺已然甦醒。

本書的核心洞見十分單純：一個人存在的狀態只有兩種，「受苦狀態」與「美好狀態」，前者會在你身邊創造混亂的能量場，後者則會為你的生活帶來和諧。因此，無論是誰，人生最重要的抉擇就是：「我想要生活在哪一種狀態？」

然而，這個概念也帶來另一個問題：一旦做出抉擇，我們是否能夠時時刻刻處於美好狀態？

答案是沒辦法。光是做出選擇還不夠，我們必須先瞭解，受苦狀態往往是無意識的，而且根深柢固。其源頭可能深植於我們的基因，或是在胎兒時期、早期童年時期、年齡漸長時，不知不覺扎根。

受苦狀態使我們無法感受完整、平靜、喜悅與勇氣。不過，這種狀態是可以克服的。

假如不學習讓自己從受苦狀態得到自由，這種狀態會一而再、再而三回歸，直到悲傷、惱火或憤怒成了我們的基本情緒。身在如此脆弱的處境，我們不可能創造長久的幸福、關係與財富；即便將挫折化為驅策自己前進的動力，成就所帶來的滿足也極其短暫。更糟的是，為了爬上頂點必須付出沈重的代價，令我們不禁自問：這一切值得嗎？

萬一走到這個階段，再怎麼靜心冥想、唱誦、度假，都已無濟於事。

我們需要的不只是一帖良藥。我們需要轉化。

我們共同撰寫這本書，透過自身經驗分享美好狀態的力量，也分享學生的經歷，他們的生命從裡到外徹底改變，建立長長久久的關係，開創滿足成功的事業。為保護隱私，我們已改寫學生的人名、國籍、背景，但仍如實描寫他們獲得的真知灼見與蛻變。

假如你對意識轉化有興趣，隨著這些故事鋪展，你會發現無論是過生活、付出愛或追求成就，都愈發輕鬆自如。當你全心接納這四大神聖祕密，宇宙會成為你充滿溫情的摯友，運用神奇的共時性，在旅途上一路扶持伴隨。

讓我們一同展開旅程吧。

不過在開始之前，給你一個建議：不要匆匆瀏覽本書。這本書適合反覆重溫閱讀，它將與你的靈魂對話共鳴。隨著一天天流逝，書中文字將更進一步為你揭露涵義。你可以每天閱讀一個段落，作為日常練習的一環，或是隨身攜帶這本書，協助你在日常生活遭遇諸多挑戰時，找到澄澈的洞察力。閱讀時，不妨隨手抄下筆記、疑問和省思，每當你回頭閱讀這些文字，都將學到新的一課。

讀完每個概念，請暫停一下，記下內心浮現的感受或洞見，以及意識力量喚醒時降臨的任何巧合。

我的覺醒經歷——克里希納吉⊙撰

有一次，普瑞塔吉和我帶著五歲女兒洛卡去南加州的大熊湖旅遊，當時是二〇〇九年初，我們對這次度假期待已久。我們站在山頂，飽覽身旁美景，將一切盡收眼底。

湖面廣闊，水色湛藍，看似一望無際，倒映出天地，形成一團一團的綠與白，純淨無瑕的水面點綴著流動的銀線與金線。涼冷的空氣摻雜土地的氣息，吸入胸口，令我神清氣爽。我們事先料到高山上氣溫較低，但沒人想到白雪覆蓋的湖畔會吹來這麼凜冽的冷風，我的身心全然清醒過來。

過了一會，洛卡興奮地打破靜默，一面喊道：「爸爸，爸爸，你看！」一面拉我的衣袖，指向一個碼頭，那裡停泊著兩部水上摩托車。普瑞塔吉跟我互望一眼，看她這麼開心，我們怎麼忍心說不？

洛卡的興奮極具感染力，水上摩托車教練同樣春風滿面，解釋過基本操作方法之後，他問：「你們真的要帶救生衣嗎？」

他的語氣實在太過隨意，我幾乎是立刻接口：「不帶，沒關係。」過了大約三十秒，普瑞塔吉輕推我一下說：「帶吧。」我隨即反應過來，當然要帶！普瑞塔吉不會游泳啊。我們拿了救生衣，走向水上摩托車。

我發動引擎，在喧鬧的引擎聲與洛卡的歡呼聲中，教練費力地進行最後一段解說，大喊了幾個要注意的事項，例如小心速度、避免急轉彎等等。然後，我們正要駛離時，他叫道：「萬一翻覆，要在七分鐘內回正，不然會沉。」聽完，我們就上路了。

「快點，爸爸，快點。」在我們的笑聲中，洛卡不斷催促。我們已經前進好一段距離，卻有彷彿可以在湖上不斷往前行的感覺。

我想讓洛卡和普瑞塔吉有個難忘的回憶，於是決定增加刺激感，開始來回蛇行，想激起精彩的大浪。不料水上摩托車卻翻了，把我們摔了出去。

眼前一黑，我們落入水裡。我感到普瑞塔吉拚命抓住我的衣服，恐懼激盪全身，洛卡在哪？我胡亂揮動四肢，浮上水面，看見她倆也冒了出來，身上好好套著救生衣。

普瑞塔吉嗆到水，一時喘不過氣來，努力尋找平衡，而我則心慌意亂地想著，萬一她出事怎麼辦？萬一洛卡出事怎麼辦？幾分鐘後，我才冷靜下來安撫她們，洛卡比普瑞塔吉更快恢復鎮定。

「親愛的？要怎麼把它翻回來？」普瑞塔吉喊道。

教練的話在我耳際迴盪，氣氛愈發緊張。七分鐘的時限已經快到了，水上摩托車想必隨時會沉。

我們困在遠離岸邊的冰冷湖水中，手機全浸溼了，看教練對安全程序的態度這麼漫不經心，可以料想他搞不好已經忘了我們。要是沒人來救我們怎麼辦？我驚惶地想，那我們就會在刺骨的水裡凍死。我沒辦法把水上摩托車扳正，還好它仍浮在水上，雖然必須等待救援，不過最糟的險境看來已經過去。

同時，我的心思繼續奔馳。想到稍早在碼頭聽的差勁解說，我忍不住暴怒，想痛罵那名水上摩托車教練，心裡氣憤到極點。另一方面，我想都想不透這件事究竟為什麼會發生，許多疑問在我腦中紛至沓來。

為什麼我的家人會遇到這種事？是因為惡業嗎？這也是宇宙計畫中注定發生的嗎？

這件事是要帶給我什麼功課？

我想到的答案都沒辦法讓我好受一點。如果我可以把這個意外歸咎於業力、宇宙計畫、需要我學習的功課，照理來說我的憤怒應該會就此消解，恢復平靜，疑問也會煙消雲散。可是，我的怒火和疑問依然如脫韁野馬。

這是怎麼回事？我內在感受到的受苦是什麼？

提出這種深奧的問題，對我來說相當自然，其實，我可以說是從小受這種教養長大的。我父親巴關是靈性導師，創立靈性組織「合一」，這場運動的核心是所謂的「合一祝福」（Oneness blessing），稱為「滴夏」（deeksha）。我父親年幼時，曾見到巨大金色光球的奧秘景象，促使他為了人類解脫而唱誦、靜心，後來便創辦學校，入學的孩童不僅接受傳統教育，也會學到如何建立喜悅的關係。我自己也在那裡就讀。

十五年後，我父親不再見到異象，但它隨即降臨於我。十一歲時，我開始經歷聞所未聞的意識狀態，這些狀態甚至突然從我身上擴散至朋友和同學。

有天，父親問我能不能有意識地把這種經驗分享給他人，我回答可以。當我把這種狀態轉移給別人，他們都會見到同樣的金色光球。

有些人稱之為神；有些人稱之為愛；有些人稱之為神聖。

由於獨特的童年經驗，我並不害怕探索人生中的神祕現象，但我也從未如此迫切地提出哲學問題。

不幸的是，我困在冰水中時，內心浮現的任何說法都不能令我釋懷，不能給我安寧。一想到那個沒用的教練，我就火冒三丈，他根本沒解釋如果水上摩托車翻覆要怎麼扶正，他怎麼可以忘記這麼重要的資訊？這個人怎麼可以這麼輕率？

我就是化解不了這股憤怒，思緒不斷兜圈子。這對我來說很奇怪，因為從小到大，我從未對任何煩心事念念不忘。

內心的混亂讓我極度不自在，於是我抱著強烈的決心，把注意力轉向內在。剎那間，真相赤裸地坦露在我面前，我恍然大悟，我生氣的對象不是宇宙、人生或教練，**我真正氣的是自己**。

畢竟，在碼頭時，興致高昂的我就說過不用帶救生衣，要不是普瑞塔吉堅持要穿，我說不定會在這天失去家人。

看清真相以後，我內在的混亂完全平息。

接下來發生的事，只能形容為宏大的淨空過程。

在我苦痛時曾經尋求的每個庇護、面對悲傷時曾令我感到慰藉的每個哲學思想，逐一消失，我再也無法從中獲得撫慰與安全感。

我以超乎想像的飛快速度，奔向——奔向什麼？我不知道。在恢弘的內在靜謐中，我領悟自己一生中所有受苦的真實本質，這份了悟激盪著我的全身：**所有受苦的根源，都是執迷於自我中心的思考模式。**

我不僅僅是總算明白了自身的受苦，更見證全人類的受苦。在那個瞬間，我以無比的清明想通了：人類所有的不快樂，主因都是過度執迷於**我、我、我**。擔憂、焦慮、悲傷、不滿、憤怒、孤獨……皆是因為念頭持續圍繞著自我而升起。

我震撼不已，恍然大悟：若想從壓力與不快樂解脫，唯一的方法就是打破執迷於自我中心的魔咒。

至此，正在「體驗世界」的我徹底消失。這世上不存在受苦的人，不存在不受苦的人，更不存在任何引起痛苦的人；這世上不存在期盼家人獲救的克里希納吉，不存在孤立的自我。

我是無限的。我經驗著壯闊的感受，彷彿與普瑞塔吉、洛卡以及周遭萬物合而為一，我與他們之間沒有分別，大地與我生長於大地的軀體之間亦沒有分別。

當我細看我認定屬於自己的肉體，我看見的是母親、父親、祖父母、祖父母的父母——在我之前的世世代代祖先，我在開天闢地之初、人類之始，看見自己的起源。

沒有生命是隔絕的，沒有事物是分離的，沒有事件是無關的，沒有力量是獨立的。我在內在看見浩瀚無垠的海洋與天空，以及世間的一切；我就是宇宙，整個宇宙就是一個巨大的有機體，一個宏大的過程，萬事萬物同時也是所有其他事物。

真正存在的只有「一」，只有「神聖」，那是印度教所謂的「梵」，或是某些人所謂的「神」。

但我感到，神並非存在於我之外。

這裡沒有隔閡，沒有時間。

整個經驗彷彿延續了一輩子，不過我們只在水中停留短短二十五分鐘，救援隊便抵達。在我等待家人重獲安全時，一股強烈的熱情在我體內覺醒。我渴望幫助每個人體驗我剛才的經歷，我渴望幫助每個人自由。

我希望大家可以擺脫人與人彼此分離的想法，擺脫我們與內在、與世界的爭戰，擺脫使生命變得渺小、無意義的受苦。

我知道，人人注定邁向美好狀態，活出美麗人生。我知道離開受苦的道路要怎麼走，這條路暢通無礙。

第一部

克里希納吉⊙撰

展開旅程之前，
暫停片刻。
深呼吸三次。
在內在對自己說：
願我找到我尋求的答案。
願我發掘我需要的解方。
願我獲得美好的生命。
請繼續。

無數文明、無數宗教、無數文化起起落落，然而綜觀歷史，人類對意識轉化的追求不曾停歇。我們渴望從更崇高、廣闊的狀態體驗人生，這份熱情貫串所有宗教、種族與文化。在這個星球上，每個人的內心深處，無論自己是否察覺，都懷抱著想要活得更圓滿、想要建立更深刻連結、想要全心全意去愛的靈性熱情。

意識狀態轉化後，將產生無數體驗，例如純粹的法喜、無緣由的愛、平靜的勇氣、靜定的臨在。

傳統上，追求意識轉化往往與嬉皮或隱避世俗者有關，一般認為只有對塵世毫無眷戀或感到幻滅的人，才會選擇進入這個領域。長久以來，追求此道者通常認為「意識轉化本身即是終點」，但普瑞塔吉和我在這方面跟他們有相當大的分別。我們認為，這種想法完全不符合事實。

我們自己的生活就是明證。普瑞塔吉和我非常認真生活：我們是夫妻，是十幾歲女兒的父母，也積極照顧雙親的健康與幸福。我們經營一所享譽國際的意識研究學院，光是去年，便在世界各地累積了超過六萬九千五百名學生。在學院中，舉凡訓練師資、設計課程內容、教授高階課程，凡事都是我們親力親為。

不僅如此，我們更創立兩所規模龐大的慈善組織，截至目前為止，已造福學院周遭上千個村莊、超過五十萬村民，以及印度各大專院校二十二萬名以上的年輕人。近年來，我們還成立五個全球事業，提供遠見與指引。

我們投身的每個領域，都實現了非凡的抱負與成就。許多旁觀的人都感到不解，我們究竟如何辦到這麼多事情。

我們說，這是意識的力量。

每個人都有潛力遠遠超越受限的頭腦，超越肉體，因為我們是超驗（Transcendental）的存在。意識的力量越喚醒，你的力量就越強大；宇宙越容易幫助你，人生就會充滿越多奇蹟。這就是祕密的關鍵，接下來，我們會與你分享這些祕密。假如你想為你碰到的問題找到解決之道，假如你想實現渴望，就讓意識的力量喚醒吧。

本書分享的內容，將令你的意識強大到足以達成你最衷心的意圖。這四個祕密汲取自我們自己的生活，在我們教導過的每個人身上，這些祕密都發揮了成效。

所以，請敞開你的心。當你閱讀、吸收這些神聖祕密，你就會見證自己的生命之流航向奇蹟。

接下來，認識第一個神聖祕密吧。

第一個神聖祕密：靈性願景的生活
你處於哪種存在狀態？

——普瑞塔吉⊙撰

以下這則古老寓言，將引領你理解第一個神聖祕密，請慢慢閱讀。

和尚耶斯彌與諾彌前往附近村莊講道，結束後踏上返回寺廟的歸途，路上必須經過一條河。正要渡河時，他們聽見女子的哭聲。

耶斯彌走向那女子，問她有何煩惱。

她說：「我的幼子在對岸村莊等我，我必須回到他身邊，偏偏今天河水上漲，讓我回不了家。」想到孩子會啼哭一夜，她便心痛不已。

耶斯彌平靜地自願助她過河，背她抵達對岸。之後她謝過耶斯彌，兩名和尚繼續踏上返回寺廟的路。

經過不自在的良久沉默，諾彌終於開口，激動地說：「你可知道，你剛剛的行為犯了大忌？」

耶斯彌微笑答道：「我知道。」

諾彌繼續說：「師父說『不可看女子』，你卻同她說話！師父說『不可同女子交談』，你卻碰了她！師父說『不可碰觸女子』，你卻背了她！」

耶斯彌平靜地回答：「的確如此，但我半個小時前就把她放下了。放不下她的不是你嗎？」

這兩名和尚，代表眾生體驗的兩種內在狀態。生命中的任何一個時刻，我們不是處於受苦狀態，就是處於非受苦狀態。

假如「受苦」這個詞讓你不習慣，也可以用「壓力」代替。大體而言，壓力是指緊繃，但憤怒、恐懼、寂寞、沮喪都會令人產生壓力，不是嗎？「受苦」這個詞就囊括了上述一切狀態。

美好狀態涵蓋的體驗包括平靜、連結、熱情、喜悅、活力和內在祥和。假如我們並非處於美好狀態，就會自動進入壓力或受苦的狀態。

檢視生活中或世上每樁境遇，都可以看見這兩種存在狀態的驅力。戰爭或和平、各種成癮或社會和諧、堅持不懈或失敗、仁慈或殘酷、互助合作或腐敗政治、快樂的孩子或煩憂不斷的世代，這種種現象的背後，都是受苦狀態或美好狀態在作用。

現在，回到剛剛的故事。請記住，耶斯彌代表美好狀態，諾彌代表壓力或受苦狀態。

諾彌在頭腦裡創造了不存在的問題，還為瞭解決問題飽受壓力。耶斯彌解決了他人真實遇到的問題，然後繼續踏上平靜的歸途。

事件發生前、發生時、發生後，諾彌都躁動不安，混亂的內在導致他將事態複雜化，做出不理智的行為。

耶斯彌在採取行動時，全心全意臨在當下；行動結束後，隨即徹底抽離那個情境。在美好狀態，一個人不會執迷地惦念過往，也不會焦慮未來，而是感受到內在的單純及毫無雜念的澄澈心境，完全處於當下。

諾彌迷失了自我，這是因為壓力狀態使我們與他人產生隔閡。身為諾彌的時候，即使身處歡喜洋溢的人群，也會恍如不在場；即使與親密好友待在一塊，也會感到孤單。

耶斯彌的狀態則不同，他始終在當下。他還感覺到諾彌的煩憂，嘗試用充滿智慧的詰問助他脫身。

處於美好狀態時，我們擁有足夠的智慧，不僅能幫助自己，還能幫助他人，採取果決而強力的行動。

人人都曾經在某些時候是耶斯彌，某些時候則是諾彌。無論是誰，都經歷過高壓、疏離的日子，使自己與親朋好友的生活加倍混亂；也都經歷過相互連結的美好狀態，促進世界與自身的幸福安康。

多年來，我們觀察意識以及意識對生活的影響，注意到一種反覆發生的模式。受苦具有破壞力，美好狀態則能注入活力，帶來生命力。我們一次次發現，處於受苦狀態越久，生活會越像剪不斷理還亂的羅網，找不到出路。問題越來越多，迷茫越來越深，亂象越發惡化，人生成了永不休止的奮戰。

如果我們延長沮喪、失望、嫉妒、憎恨的受苦狀態，生活各方面都將失衡，與家人纏鬥，與工作纏鬥，與政府纏鬥。在受苦狀態中，我們覺得全宇宙的力量都敵視自己，不管我們做出何種決定、採取何種行為，依舊發現生活持續變得更混亂。

但我們也多次見證，若處於美好狀態，會自然產生神奇的「共時性」。讀到這裡，你可能疑惑：什麼是「共時性」？共時性是意義深遠的巧合，是與你的意圖相符、對你有利的美好事件，彷彿這個隨機運作的世界著手安排，回應你內心的渴望來支持你。

在美好狀態，我們變得更有創意，面對挑戰時會想出巧妙的解決方案；破損的關係開始療癒，帶來滋養的關係開始浮現；思緒越發清晰，才智越發犀利，頭腦越發平靜，心也進入與人相互連結的狀態。

如果你一時難以接受美好狀態的概念，或是不確定自己的理解是否正確，請記住，美好狀態涵括種類豐富的各種體驗，最初可能會是寧靜、快樂、感恩、愛或勇氣。美好狀態的本質是沒有相互衝突的內在聲音、更加投入生命、與身邊的人建立更加豐沛的連結；隨著你日漸進化，將會喚醒超驗的狀態，例如平和、靜定、慈悲、喜悅、無懼。處於這些狀態時，你與生命同流，與一切生命存在合而為一、彼此連結。這個狀態的力量越強，你就越容易影響意識的構建，使心願顯化。

解析語意——克里希納吉⊙撰

為了全然生活，必須終結對死亡的恐懼。
為了全心去愛，必須消融失望。
為了體驗美好狀態，必須對受苦通透洞察，從而得到自由。

現在，你可能已經明白我們所謂的「受苦」代表什麼。簡單來說，受苦是指不舒服的情緒經驗，範疇相當廣泛。最輕微的受苦體驗包括心煩、擔憂與失望，這些情緒經常受到忽略，隨著你沉浸其中，它會進化至第二階段：憤怒、焦慮與悲傷。如果你從未學習如何消融它，情緒可能惡化為暴怒或報復心、驚慌或抑鬱，換言之，你會變得過度執迷，這是非常危險的。

無論你經歷什麼程度的痛苦，你一定要明白，長期受苦會帶來損害，受苦狀態是摧毀每個夢想的主要元兇。

我們也想探討另一個極為常見的關鍵詞，好讓你確實明白「受苦」的真義，這個詞就是「問題」。

先從解析這個詞開始。

什麼是「問題」？

「受苦」和「問題」的根本差異，在於受苦是內在經驗，問題卻是外在的。小自輕微的不便，大至極其棘手的難關，都可能是問題。然而，處理問題的方式取決於你，你可以選擇進入受苦狀態，也可以選擇進入美好狀態。

假設你在健身時撕裂韌帶，無法動身前往規劃已久的冒險假期，該如何是好？幾個月的準備就這麼白費了。這是個問題。

或者，假設你丟了工作，無法養活家庭、支付帳單，必須搬離公寓，這是帶來慘重後果的問題。

再假設你年邁的父母患上關節炎，需要你全心照顧，該怎麼辦？如果父母拒絕搬去你居住的城市，使你不得不搬回家鄉，該怎麼辦？如果你被迫放棄理想工作呢？這同樣是個難以處理的問題及挑戰。

未來的事件會如何發展，最關鍵的因素在於：你是以什麼狀態，面對這些挑戰或問題？

仔細檢視這類挑戰，你會發現，動植物和人類生活的每個層面都會遇到這些難題。每當風暴來臨，上百株草木便連根拔起，許多植物就此死亡；野外的動物會失去地盤或面臨食物短缺，有時還碰上預料之外的威脅，不得不遠離家園。

二〇一一年，我的團隊製作動物紀錄片《老虎女王》（Tiger Queen），我訝然察覺，人與野生老虎遇到的問題是多麼相似。片中，一頭壯碩的雌虎馬奇莉遭女兒奪走地盤，被迫離開水草豐美的領地，最終定居在森林中沒那麼富饒的區域。

好在馬奇莉的想法與人不一樣，要是相同，這頭老虎女王說不定會抑鬱而終！

挑戰並非人類所獨有，但「體驗」挑戰的方式卻是人人不同。

如果失業，你會整天躺在床上，自認是人生輸家，還是會看見眼前展開了充滿機會的道路？如果你住的地區遭逢地震或海嘯，你會因為太害怕悲劇再度降臨，選擇坐以待斃，還是會懷抱冷靜或熱忱，努力重建生活？

是什麼因素，驅使我們選擇如何應對人生？是存在狀態。

人人都會在生活中面臨難關，在許多情況下，貧窮、政治不安定、制度壓迫、天災更導致一切雪上加霜。

我們的學生擁有多種多樣的社經背景，有人儘管遭遇無比的悲劇，人生卻不受影響，有人卻因為暴力與疾病，導致生命支離破碎。

但是，在我們的見證之下，各行各業的人都學會超越受苦，生活在美好狀態。

不只如此，美好狀態的力量還消除阻礙，為他們開啟新的大門，幫助他們克服挑戰，即使是最嚴重的問題，也找到了充滿創意的解決之道。

可是，想要挖掘意識真正的力量，勢必要踏上旅程。這場旅程的第一步，就是採取一個重要的立場：拒絕活在受苦之中，即使只有一天也不行，改以美好的內在狀態生活。

你能夠做出這樣的承諾嗎？

你能夠想像這種生活是可能的嗎？

在受苦中度過的每一天都是浪費，在美好狀態中度過的每一天，才算是真正活著。

到底什麼是靈性願景？

生命的基本層面有二：行動（doing）與存在（being）。行動涵蓋了我們為獲得成就所做的一切，例如與人接觸、建立並終結關係、培養生活習慣等等，這是我們展示給外界的一面，大多時候，這也是我們最著重的層面。

另一方面，存在則是我們如何體驗自身的生活。舉例而言，你可能面帶微笑走進會議室，因為你心知自己必須展現自信。不過，內在就完全是另一回事了，你說不定覺得害怕、緊張或難以招架。

社會極端重視行動，卻忽略人內在的存在狀態。很少人能夠真心將創造美好的內在體驗擺在第一，反而把事業、表現、外表、地位、財務穩定當成首要之事。

像這樣徹底摒棄存在、過度執迷於行動，造成我們的生活方式嚴重失衡，使我們陷入意外障礙的深沉漩渦。

根據《心靈雞湯：關於女人》（*Chicken Soup for the Women's Soul*）作者珍妮佛．霍桑所言，多數人每天平均產生一萬兩千至六萬個念頭，其中絕大部分都是重複的，令人震驚的是，我們的一般思緒中，有百分之八十是負面的。這代表，多數人平均有百分之八十的時間處於無意識的受苦狀態，只有百分之二十的時間達到美好狀態。

想要真正活著，非逆轉這個比例不可。

活在美好狀態的那百分之二十，應該逐漸變成百分之四十、五十、六十、七十，直到八十以上。想像看看，那種狀態的生活會多麼美妙！

第一個神聖祕密，就是為了幫助我們達到這個目標：透過抱持屬於你自己的靈性願景，就能引發內在世界的轉變。

讓我說個親身經歷，讓你更瞭解靈性願景的力量。我在十一歲初次得到靈性體驗，從那時起，無可比擬的意識狀態就經常無預警降臨，奇異的是，擁有這些經歷的我依然活潑愛玩。

十九歲時，我充滿熱忱，想要為數量日增的靈性追尋者創建中心。經過思量，我瞭解到，我想建立的不只是一所中心，而是一個完整的體系，可為所有踏進此地的人服務，扶持他們轉化。這項計畫徵得了父母的同意與祝福，父親早有願景，希望打造一個影響人類意識的地方，幫助人進入意識覺醒的狀態。

我的願景就此確立。我想創造一個超凡脫俗之地，協助大眾得到和我相同的體驗。我不只希望影響走進這棟建築的人，也希望影響人類的集體意識。我懷著興奮之情，一股腦投入這項計畫。抱持這個意圖之後不出一個月，計畫所需的人員與資源都開始匯集，大大小小的共時性在我們周遭發生。

第一個共時性，是我們找到一位建築師，他對神聖建築的古老奧祕原則瞭如指掌。第二個共時性，是我們找到一片能夠實現這份神聖願景的神奇土地，位於宏偉山脈的山腳下，地處森林中央，共四十四畝，散發超乎尋常的能量。我選擇 Larssen & T 營造公司在這個位址動工，建造我們後來命名為「合一場域」（Ekam）的建築，這是壯麗的三層大理石結構，擁有一百八十四平方米寬的靜心大廳。我想打造能屹立千年的神祕殿堂，持續影響人類意識。至今，合一場域佇立著，彷如學院中心的一顆寶石。

投入計畫四個月後，森林部發函通知：「你們正在動工的地點位於保留林，你們無權進入。」要求我們即刻停工。所有工程車都受到阻擋，無法進入工地。

我震驚不已，因為我們早取得每個相關建設局處的授權，施工計畫皆獲得批准。由於這裡有道路，我們便以為可以進入，政府相關單位卻未告知我們其實沒有權限。

與此同時，營造公司告訴我成本將會超支，因為他們的人力和設備全數出動，帳單數字一路飛漲。

不管我怎麼研究，總是回到原點：印度的森林法極為嚴格，我們絕不可能取得在保留林土地施工的許可，即便提起訴訟，也需費時五、六年。隨著危機愈發緊迫，我不願陷入受苦狀態的靈性願景愈是堅定。我明瞭，合一場域的願景淩駕一切；我堅信，這片神聖之地會使數百萬人覺醒，進入意識轉化，所以非實現願景不可。神奇的是，我的意識開始進入強大的狀態，我在意識中見證這項計畫落實，那既不是過去的回憶，也不是未來的想像，意識告訴我這一定會成為實相。

我的團隊繼續努力爭取保留林部門給予使用道路的許可，不可思議的事情開始發生。不到九十天，申請文件便經過二十六人之手，獲各個層級批准，簡而言之，我們能夠使用道路了。這個情況堪稱前所未見，絕對非比尋常，更重要的是，我用不著人仰馬翻地打點事情。

我堅持自己的靈性願景，從意識的美好狀態引領這項計畫。這次共時性之後，經過將近十六年的現在，每天有上千人走那條路前往合一場域，為追求個人願景與世界和平靜心。

在我的人生中，曾無數次堅定抱持靈性願景，最終發生不可思議的境遇，這個例子只不過是其中之一。

擁有靈性願景不等於設立目標。目標是未來導向的，是我們為生活制定的願望與計畫。

反之，靈性願景的重點不在於特定目的，而是你努力達成各種目標時，選擇過生活的狀態。這就是為什麼我們把靈性願景稱為願景之母。

假設你有成為父母的願景，父母是一種身分，一切關乎行動。但你每天的內在狀態呢？如果要你在困惑、氣餒、內疚的狀態下，扮演父母的角色，你會樂意嗎？

還是，你比較希望在連結與清澈的美好狀態中，扮演好父母的角色？你想不想當快樂的父母、心滿自足的父母、滿懷感恩的父母？

對於上述這些狀態，對於邁向成就的路上所能採取的美好狀態，你是否真心充滿熱情？或者，你認為只有行動才重要？

再次重申，你一生最關鍵的抉擇就是：你想以什麼樣的狀態，度過每一天的生活？你想以什麼樣的狀態，開創自己的命運？

以堅定不移的深刻決心，專注於消融受苦、活在美好狀態的靈性願景，即使每天只花兩分鐘，就足以刺激腦部通往前扣帶迴皮質與額葉的血液，減少不必要的情緒雜音。

神奇的練習：靈魂同步法——普瑞塔吉◎撰

展開第一段生命旅程以前，我們想先分享一個強大工具，能夠幫助你喚醒，進入上述的美好狀態。靈魂同步是由普瑞塔吉開創，這不僅是靜心練習，更是神聖的儀式。成千上萬來自各種文化背景的學院畢業生，每天一早都會進行這個練習，藉此以美好狀態開啟新的一天，汲取意識的無限力量，顯化他們衷心的意圖。

靈魂同步既有科學根據，又保持了奧祕性質。先從奧祕的這一面說起。早在現代神經科學誕生的數千年前，印度的古老智者已是意識研究的先驅，他們的發現不僅該受到研究腦部的學者重視，凡是期望改變思想、感受、體驗生命方式的人，也都該關注。

古人提到一種超乎常人理解、更加廣闊的意識，稱為「Brahma Garbha」，意即無限意識的孕育之地，這與腦部的松果體、腦下垂體、下視丘有關。

我們從經驗得知，當人們透過靈魂同步練習，啟動這部分的意識，真心意圖會強大到足以打破思緒屏障，進入物質世界。接下來，你會感到自己彷彿和宇宙建立了親密的新關係，整個世界似乎動員起來，讓你體驗到共時性；生活將出現奇蹟般的轉變，邁向絢爛的命運。

不管你的目標是財務穩定、相互滋養的關係、有意義的事業、更深刻的靈性生活或與宇宙的連結，都可以運用這個練習，進入能夠創造魔力的境界。

靈魂同步的步驟如下：

練習——
靈魂同步練習

姿勢

坐在舒適的椅子或靜坐墊上，雙手手掌安放於大腿。以拇指輪流輕點其他四指指尖，默數呼吸次數；從左手食指開始，接著是中指，依序進行，數到八為止。如果與兒童一起練習，可以把次數縮減至四。

練習靈魂同步時，會使觸發衝突的化學活動停歇，讓我們進入放鬆平靜的美好狀態。

步驟

✦**第一步**：首先，進行八次緩慢的深呼吸，每當從一次呼吸轉進下一次，記得用手指默數。注意力經常飄移是正常現象，只要將注意力帶回，接續分心時的進度即可。完成這個階段時，你的副交感神經系統會完全啟動。這種呼吸法會喚醒長而蜷曲的迷走神經，此神經位於腦部，連接心、肺、消化道，將其啟動，能讓整個自主神經系統平靜下來。

你的脈搏開始下降，血壓變得較為平衡，連消化系統也會產生良好反應。根據美國腦神經醫師安德魯·紐伯格（Andrew Newberg）和馬克·瓦德門（Mark Waldman），像這樣有意識地反覆進行手部動作，會進一步刺激腦部的運動與協調中心，從而提升整個腦部的效率。這麼做能加強記憶形成與記憶檢索能力。

✦ **第二步**：深深吸氣，吐氣時，發出低沉的蜜蜂嗡鳴聲。如果在舒適的範圍內盡可能拉長嗡鳴聲，並且全心專注聆聽這個聲音，能讓你更加放鬆。請不要把呼吸拉長到不舒服的程度。再次重複進行八次深呼吸，這個環節能改善睡眠品質，穩定血壓。

✦ **第三步**：觀察吸氣和吐氣之間的停頓，持續八個循環。呼吸時，每次吸氣之後，在吐氣前會有個自然的停頓。請觀察這個停頓。這可能需要一點訣竅，不過你一察覺到這個停頓，會感到思緒開始慢下來。不要強行停頓、憋氣或刻意拉長停頓，你的呼吸應當自然流暢。

✦ **第四步**：讓靜心從平靜狀態繼續向外擴展。接下來八次呼吸，在吸氣和吐氣時，於內在唱誦「Ah-hum」（啊夯），在古老的梵文中意思是「我是」或「我是無限的意識」。

第五步：想像或感覺身體擴展，進入光中。想像地板、桌子、身邊的人、一切事物都隨之擴展，融合為一個能量場。在此意識中，萬事萬物緊密相繫，沒有任何物體、人、事件是獨立的。你、你碰見或認識的每個人、從古至今曾存在的每種動植物、你的每一個期望與心願，以及你曾眼見、感受、聽聞、知曉的每件事，你曾思索過或起心動念的每個想法—都存在於這個合一的意識場域。這裡沒有隔閡或分野。在這個場域，意念即物質，祈願即實相。

第六步：沉浸在無邊無際的光場中以後，開始感受或想像你衷心的願望，彷彿這些願望正在發生。舉例來說，假設你希望修復與所愛之人的關係，那麼在這個階段，請感受並想像關係的轉化將為你們帶來多少喜悅。或者，假設你希望開展新事業，請見證並感受自己擔任那項職務的情況。花幾分鐘，停留在那個空間。等你準備好以後，再張開雙眼。

靈魂同步的最佳時機

很多人是在醒來時做靈魂同步，但其實隨時都可以做。有些人會在做重大決定之前練習；有些人會在一天結束時，或是每當受困於激動煩躁的心境時，進行靈魂同步來放鬆、紓壓。

你可以獨自練習，也可以團體進行。有些機構會在早晨，趁一整天的業務開始前練習，讓自己平靜下來。也有團隊利用靈魂同步來設定共同願景，發揮集體的意識力量將其實現。我們建議以每天至少練習一次為目標，但不需要限制自己，有的人一天練習五次。我們也建議，絕對不要倉促完成練習。這個練習只需大約九分鐘的時間，卻能讓你整天處於神奇狀態。

我們有位學生的新創事業剛起步，她讓團隊每天練習靈魂同步。每隔二十一天，團隊就會設定新的共同期許，並在接下來三週，將全副心力投注於這個目標。神奇的是，多數意圖都顯化了。

舉例來說，他們針對資源（包括人力、資金和其他形式的支持）設立期許後，與一家組織碰面尋求合作。經過一陣腦力激盪，該組織執行長提議挹注資金（對他們這個規模的新創公司來說，是頗為可觀的數字），還提供共同工作空間、行銷支援，以及推出聯名合作。

不過，這名學生之所以大感振奮，不只是因為對方大力支持。這段經歷讓她明白意識轉化的力量，這種意識又能在商業領域產生多巨大的影響。

「對方居高臨下，專注地凝視我，持續承諾要提供我們期望的一切，這真的是很不可思議的體驗。」她說：「我們設定了這麼特定、清楚的期望，還真的以這麼具體、明顯的方式實現，純粹因為我許下了願望──這實在太美妙了！」

每天，練習靈魂同步的人都會告訴我們許許多多共時性的故事，這個案例不過是其一。在每段生命旅程的尾聲，我們都將回歸靈魂同步練習，示範如何加以調整，藉此克服難關或設定強力意圖。現在，是踏上第一段旅程的時候了。

我們提供普瑞塔吉的靈魂同步靜心中文音訊檔，
請前往：www.breathingroom.com/free-meditation-chinese。

第一段生命旅程：療癒創傷小孩

——克里希納吉⊙撰

許多人生活在自我強加的幽閉恐懼症之中。

或許你也經歷過這種痛苦的狀態。就好像一大批人出現在你家，宣告要辦派對，偏偏他們可都大有來頭——這些不請自來擠進客廳的人，全都曾經對不起你、傷害你、讓你自慚形穢。

你還來不及反應過來，他們就七嘴八舌地說了一堆你不想要的意見，嫌棄你的裝潢、音樂品味，還有你做過的每個決定！他們高談闊論、品頭論足，完全無意離開。

你拚命設法逃離這些喧囂的批判，卻壓根無法忽視這群人，不幸的是，幾杯酒下肚後他們更吵了！

你越是要求他們走開，他們就越是吵鬧。你不知道該怎麼辦，進退不得，一心只想得到片刻安寧。然而，詭異的是，就這麼吵鬧了幾個小時後，你習慣了這群不受歡迎的訪客，畢竟他們之中有許多人是你摯愛的人：父母、手足、初次交到的好朋友。

可是，他們逗留越久，越令你心力交瘁。你發現，你越來越難把他們的言語、意見、想法與你區分開來，你開始喪失自信，像籬笆上的貓一樣容易受驚嚇。要是你可以擁有一點空間就好了。

要是你可以擺脫瓶頸就好了。

要是你可以再次前進就好了。

生命是壯闊之河，奔騰不歇，時時帶給我們相愛、連結、拓展的新契機。但是，如果我們想抓住機會，就必須從過去得到解脫，那段過去讓我們困在泥濘淤塞的河岸，無法動彈。

用派對的比喻來說，我們必須與長住頭腦與內心的不速之客和解。我們必須喚醒意識上平靜的維度，提升到全然臨在的狀態，對所有說我們很笨、很蠢、沒價值的聲音——以及那些說我們正確無誤、其他人全都錯了的聲音。

怎麼做到？

方法就是療癒人人心中都有的創傷小孩，他／她的時間已然凍結，哭聲被喧鬧的人群掩蓋。我們需要懷抱靈性願景，不再緊抓過去不放，如此一來，內在的冰霜才有可能消融，使我們突破僵化的過去，真正活在當下，輕鬆自如地邁向未來。

如果做到這點，我們將不再重返原本的生活。人生會開始流動，有如流入大海的河川，湧向更美好的秩序、幸福、擴展。

讓我們開始吧。

想像看看，你在時尚的餐廳排隊等候，無意間摔了一跤，整間餐廳霎時安靜下來，你羞紅了臉。你費盡心思打點外表，沒想到卻因為踏錯一步，真相在世人面前揭曉：

你不屬於這裡，而且大家都知道。

跌倒之後好一段時間，你依然對剛才的事耿耿於懷。你沒受什麼傷，可是在失足之後經過良久，沮喪的情緒依然縈繞不去。即使下一段經歷到來，你卻迷失在混亂的思緒中，陷於內在衝突的紛擾無法自拔。

再想像看看，你是個剛學步的快樂嬰孩，摔了一跤，傷到膝蓋，害你哭了起來。不過，肉體疼痛一消退，另一件事物便吸引了你的目光，儘管淚痕未乾，但你已經準備好迎接下一段體驗，彷彿痛楚從未發生。

這就是快樂小孩喜悅的美好狀態。正如飛鳥在天際翱翔時不會留下痕跡，過去不會在我們心中留下痛苦的情緒烙印，我們的意識清朗，準備好迎接下一段體驗。

快樂小孩和創傷小孩不僅僅是我們過往的回憶，也是我們持續經驗到的美好狀態和受苦狀態，無論自己是否有所覺察。

在生命中的某個階段，人人都曾是快樂小孩。我們都曾體驗過無憂無懼的狀態，身為快樂小孩時，我們不害怕犯錯，不會陷入自我中心的悲慘漩渦，我們的笑容更加燦爛，會開懷大笑、痛快大哭，並且愛得深刻。人生感覺毫不複雜，對於創造美好的命運，平靜堅定的信念自然湧現——我們無需不斷重複默念肯定自己的句子，亦不會以勉強或散漫的態度對待工作與人際關係。

這個快樂小孩天真清新，而且喜悅又誠實！

YouTube 上有個超過一億一千四百萬觀看次數的影片（https://www.youtube.com/watch?v=E8aprCNnecU），是個小男孩和媽媽在討論愛（與餅乾）。小男孩告訴媽媽，他很愛她，但他有時候並不喜歡她。

只有媽媽給餅乾的時候，他才喜歡她！

我們都曾經是這個小孩，只是當時年紀太小不記得了。我們都曾經以如此單純的狀態存在，喜歡自己認為會帶來快樂的事物，討厭自己認為會引起痛苦的事物。身在快樂小孩的美好狀態時，感受是「對」或「錯」並不重要，任何感受都是屬於我們的，對我們而言是真實的。我們尚未學到要為了這些情緒批判自己，所以很快樂。

那麼，這種快樂小孩的狀態為何消失？為何創傷小孩取代了快樂小孩？

我們都知道，一旦快樂小孩誠實說出對這個世界的看法，會發生什麼事：大人對小孩天真無畏的態度報以輕笑，然後，立意良善的父母、叔伯、阿姨會告訴他：「好孩子不可以這樣，好孩子要永遠愛父母……還要乖乖吃蔬菜、乖乖做功課。」

雖然這麼說的出發點是好的，這些話卻可能在小孩心中種下懷疑、困惑，甚至羞愧的種子。小孩的內在體驗或許並未改變，依然在父母讓他吃喜歡的食物時最愛父母，依然嫉妒其他擁有最棒玩具的小孩，依然覺得某些學校作業很無趣。

但現在，他以這些感受為恥。

時光流逝，小孩長大成人，過程通常伴隨排山倒海的內在衝突，不過我們往往認為，這些不滿是成年的自然歷程。

可是，如果這種受苦的存在狀態其實很不自然呢？如果我們有辦法回歸喜悅的美好狀態呢？

你真正的本質是什麼？

印度有一系列古老的文獻「奧義書」（Upanishads），蘊含有關人生與靈性的大智慧，在此分享其中一個寓言故事。

森林裡，一頭母獅懷孕了，承受臨盆之痛和強烈的飢餓。

突然，她注意到一頭母羊帶著一群小羊離開村莊，誤打誤撞進入森林。飢腸轆轆的母獅正要撲向羊群，沒想到同時間產下小獅，接著斷氣。

母羊以為小獅是自己的孩子，於是收留小獅。小獅在羊群中長大，像羊一般咩咩叫、吃草，以為自己是羊。

年輕獅子努力模仿兄弟姐妹，卻顯得尷尬、失敗。他拚命做兄弟姐妹會做的每一件事，例如伸長脖子輕咬高枝上的嫩葉，或是走在山路上啃食新鮮青草。

可是，隨著小獅年齡漸長，極度的悲傷淹沒了他。他感到一股衝動，渴望變得與眾不同，發揮潛能。某天下午，他聽見遠方傳來獅吼，連忙跑去問母羊：「我以後能不能像那樣大吼？」

你覺得母羊會怎麼回答？

「那是獅子，他是森林之王，你只不過是綿羊啊。」母羊微慍地說：「我們天生溫和謹慎，這就是我們的命運，你還是放棄白日夢吧。你連正確的吃草方式都還學不會，不如好好跟你的哥哥姊姊做朋友，成熟一點。」

我們或多或少都經歷過這個寓言，不是嗎？

我們都曾受到勸告，必須過著否認自我情緒的日子，不是嗎？我們相信，在恐懼、孤獨、壓力中度日也沒關係，而且人人都過著這樣的生活，不是嗎？我們受到鼓勵，要忽略自己的感受、完成例行職責，不是嗎？在我們童年的所有情感經歷當中，與父母或親職者的關係最容易影響自我感，在他們身上，我們首次經驗到愛、關懷、同理、連結與喜悅。

也是在他們身上，我們首次經驗到拒絕、失望與孤獨。這些早期經驗成為我們習以為常的狀態，從而影響我們對自身的感受與體驗，以及我們如何體驗生命中的他人、如何與他人相處。

有些人擁有很棒的父母、快樂的童年，有些人的幼年經歷卻不甚愉快。在小孩的成長過程中，無論大致的氛圍是什麼，只要有絲毫受到排斥和忽視的感覺，都可能在內心造成深刻的情緒創傷。這些傷口不容忽略，假如創傷是童年時期發生，影響將會非常深遠，它們形成了創傷小孩的內在狀態。

有時，我們認定童年時期的憤怒與傷痛沒什麼大不了，跟當下的生活毫無關聯，因為我們相信，自己已經非同往日，現在的我們是獨立、堅強、負責任的人。

可是，倘若在短暫片刻，我們拋開緊抓不放的虛假自我形象，將發現真實的自己，看出痛苦的過去對自身意識造成的真實影響；我們也將看清真相——童年的情緒經驗已化作受苦狀態，在當下的生活不斷重演。唯有無畏地面對這個真相，才有可能得到自由。

大約一百三十年前，印度奧秘家拉瑪克里斯納（Sri Ramakrishna）說過一個故事，可以幫助我們瞭解慣性受苦狀態的影響。

有天，兩名女子前往市集做生意，一人賣花，一人賣魚。從市集回家的路上，大雨滂沱，由於花販的家距離較近，兩人決定在花販家中過夜。

然而，魚販卻睡不著。就在她暗自疑惑為何失眠時，她注意到花籃就放在她身邊。她露出微笑，把花籃推遠，再把裝滿腥魚的魚籃拉近身旁，深吸一口氣，迅速墜入夢鄉。

無論我們幼年養成的狀態是美好還是不良，都可能變成自然而然的慣性狀態。

如果一次次向慣性情緒投降，腦部將啟動一種有意思的程序。神經心理學家瑞克・韓森（Rick Hanson）曾說，腦部是位於顱骨內的豆腐狀組織，其中有超過一千億神經元、一兆支援細胞（又稱神經膠質）、一百兆神經連結。

我們的思緒與情緒（無論是有意識或無意識），都是在神經元之間飛速移動的電脈衝。由於腦部的可塑性，每個念頭或情緒都像是海上的浪花，不會留下長遠的影響。

可是，如果一再進入相同的想法，就會對神經連結造成持久的後果，好比浪潮能決定海岸的形狀。無論父母和上天給了你什麼樣的腦袋，腦部還是由你自己塑造，因為你反覆進行慣性思考和情緒反應。

請在此暫停一會。深呼吸，讓吸氣直達橫膈膜，腹部微微凸起；接著把氣吐乾淨，使所有空氣從肺部排出。像這樣做幾次深呼吸。

想想過去一年，你多數時候處於什麼狀態。如果這會是你下半輩子的基本心智與情緒狀態，你會是快樂的人，還是不快樂的人？請好好看清現實。

不要試著改變你看見的自己。強迫自己變「正向」的任何努力，都只是逃避。這麼做可能讓你的情緒暫時好轉，但光是渴望改變內在狀態，無法真正改變。唯有逐漸驅使腦部進入觀察狀態，你才能展開真正的轉化。

今天，試著保持對自身狀態的覺察力。你多常經歷壓力狀態，又多常經歷冷靜、喜悅的美好狀態？只要單純地辨識就好，其餘什麼也不要做。

創傷小孩的反應

不管你對自身有什麼發現，都有個好消息：這份洞見有助斬斷腦部的神經連結，停止觸發創傷小孩的壓力情緒狀態。

根據神經科學研究，腦中用不到的神經迴路會逐漸萎縮。好消息是，多虧人類大腦的神奇魔力，只要短短幾分鐘，支持美好狀態的神經迴路就會成形，假如你開始培養這些迴路，那麼無論生活中發生什麼，腦部都能輕鬆體驗美好狀態。

我們內在都有個創傷小孩。這個小孩活在過去，停留在凍結的時空中，緊抓童年和少年時期的痛苦經歷不放。只需幾分鐘的失望，在感覺不被愛、不獲認可、不受重視的片刻，創傷小孩就會奪取主導權。

或許我們已經長大，可是創傷小孩依舊活在意識中，形成受苦的存在狀態。或許，時間改變了我們的外表和生命境遇，然而。流逝的時光是否也能拔除總是不請自來的內在狀態？畢竟，在那些失望的時刻，我們心中豈不是經常產生兒時或青少年時期的反應？我們不是都會產生相同的感受？

好比說，當我們滑著臉書，發現朋友去了一場活動，卻沒有告訴我們。這個當下的感受，是不是和小時候父母只帶哥哥姐姐去看電影時，沒有任何差別？

或者，想像你經常目睹父親對母親發怒。當下你很氣自己，發誓總有一天要讓父親嘗到教訓。現在，每當你目睹有人吵架，內心總會產生相同的怒火。

創傷小孩獲得主導權時，我們的心便會關上通往愛與信任的門扉。除非訓練自己留心，否則要辨識出創傷小孩何時握有指揮權並不容易。創傷小孩狀態促使我們相信，在當下的情況，受苦狀態是自然、合理的。

但實際上，起因不管是什麼都不重要，再怎麼說，進入不快樂的狀態都不是明智之舉。

可是，如果我們在創傷小孩哭泣時，聆聽他／她的聲音呢？

如果我們協助創傷小孩解除痛苦呢？

創傷小孩的兩副面孔

潔亞擁有美滿的家庭，事業一帆風順，人生早已超越了最美好的夢想。她的媽媽酗酒，還有虐待行為，相較於充滿創傷的童年，她現在的生活簡直是天壤之別。

兒時，天天如同夢魘，晚上經常餓著肚子入睡。多年來，她忍受母親的暴力，保護稚嫩的弟妹，渴望終結折磨的她在十二歲逃家。

雖然童年悲慘，潔亞始終避免落入受害者的思維，反而將過去承受的虐待視為潛力來源，把自身的痛苦轉化為最大的力量與優勢。她告訴自己，幼時的經歷都有更崇高的意義，一有機會就和團隊分享親身故事，激發大家的士氣。她告訴自己，什麼事都無法讓她困在恐懼與悲哀之中。

她以為自己解決了難題。

然而，潔亞的內在紛擾並未消除，直到數十年後，她前來O&O學院。在一段內在旅程中，過往的痛苦以不可想像的強勁力道襲來，淚水無法控制地流下雙頰。這時，她幡然醒悟自己錯了，大錯特錯。她戴上了面具，偽裝成自食其力的獨立女性，以為自己已經超越了被愛的需求；但事實很簡單，這不過是張面具。

潔亞從未走出童年的痛苦，只不過是說服自己相信，小時候那些可怖、不人道的經歷都有更遠大的意義，藉此美化苦難。她試著將過去視為力量的來源，來平撫內心的不甘，但她從未自由過。她反覆回顧過往，拚命重新詮釋那些經驗，這些行為反倒讓過去始終鮮明，是她不肯讓已逝的事物安息。

潔亞費盡心力獲取權勢地位，儘管成果傲人，背後的動機卻是出自憤怒的受苦狀態：她必須證明自己是對的，母親是錯的。

隨著潔亞在傷人的往日回憶中與內在重建連結，她恍然發現自己絲毫沒變。她沒有走出童年的痛苦，只不過是蒙蔽自己，蒙蔽世界。

潔亞一生積極建立的形象，是個不在乎是否被愛、超越被愛的需求、獨立自主的女性，她告訴自己，她是無敵的，不管人生遭遇什麼挑戰都能度過。其實，她常說情緒只是弱點。

讓她震驚的是，她發現縱然時光飛逝，受傷的自我卻仍存在。直到今天，她從未真正活過，在她存在的核心，她仍是那個創傷小孩。

她不再餓著肚子入睡，但她依舊覺得沒有人關心她。她投入慈善事業，幫助許多人，但驅動她的因素依然是對人生的憤怒。她經驗自我的方式完全沒有改變，還將她對母親的所有不滿與怨恨帶進每一段新關係。

對潔亞而言，與伴侶建立連結極為困難，她既無法放心愛對方，也不相信對方的愛，不過她的確很努力試著愛對方。她履行對孩子的責任，養家餬口，但就她所知唯一愛孩子的方式，就是灌輸大道理、管教小孩。她給孩子的教育和事業提供最佳的支持，可是僅止於此。

她很難尊重團隊成員，凡有人在工作上犯一丁點錯，她便難以控制怒火，頻頻有員工出走。

在潔亞深刻靜心時，她發現，其實她根本不知道如何與他人建立連結，根本不知道如何去愛。她如何能在他人身上滋養美好狀態呢？

在沒有自我偽裝、沒有拚命改變事實的情況下看清真相，是潔亞蛻變的起點。時至今日，她的童年不再是內心散發輻射的放射性垃圾，而是停泊於內在平靜之海的一段回憶。

學院的另一位成員安祖同樣有不快樂的童年，在他的案例中，傷害他的人是父親，嚴重到他對父親充滿恨意。可是他不肯承認這點，因為他堅信好人絕不會恨父母。

在安祖的轉化之旅上，我問他是否願意敞開心胸，與父親建立連結，他激動地拒絕了。我開玩笑地說，假如安祖決定要更加痛恨他父親，我也會幫他實現。

安祖一面沉思，一面漫步良久，接著想通，如果他選擇與父親斷絕聯繫，他一生都會活在相同的氣惱狀態。有生以來第一次，他瞭解自己帶進每一段關係的憤怒，和他對父親的感受有關，他生命中最重要的人際關係皆是如此。

他想到自己對待妻子的態度，就連吃午餐這麼簡單的小事，當他問妻子：「妳想去哪吃？」不管妻子怎麼回答，他總會覺得很煩。

如果妻子提出三個選項，他就會選一個根本不在選項中的地點。

如果妻子說「你來選」，他就會發火。

如果妻子自己決定，他一樣會抓狂。

無論妻子做什麼、說什麼，他都覺得受到妻子掌控，彷彿妻子奪走了他的自由。

安祖認清，他大半輩子都在傷害自己，下半輩子他不想繼續自我傷害，他的事業與家庭生活早被創傷狀態搞得一團亂。等安祖散完步，他已下定決心，讓自己從內在熾烈的傷痛與恨意重獲自由。

我明白告訴他，療癒內心不代表非與父親和解不可，他可以等到自我解脫之後再做決定。因為，倘若尋求和解太過痛苦，或是會危及他的精神狀態與家人的身心健康，那麼理智會告訴他不要那麼做。我所謂的原諒之旅，是指療癒他內在的創傷小孩，喚醒快樂小孩的美好狀態。

原諒並非把所有錯事當成對的，或是與傷害過你、未來可能繼續傷害你的人同住。

原諒是指讓自己從所有傷害你的事物得到自由。

那天晚上，靜謐之中，安祖和我一同靜心，進入一個深邃的空間，幾段失望、渴求、痛苦的回憶清晰而強烈地浮現。他了悟到，自己為了得到他人的認同，培養了三種人格面具：有時施展魅力來獲得別人的喜愛，有時表現衝勁來爭取別人的認可，有時做出戲劇化的情緒反應來吸引關注。但是，在每個情況中，這些行為的動機都一樣——他渴望愛與接納。

也許他一路上戴起了不同的面具，不過在每一種偽裝之下，都藏著相同的創傷小孩狀態，單純想要得到愛、得到關懷。

由於他願意面對自己脆弱的一面，他也準備好迎接最終的真相。他看清自己為何抗拒放下伴他一生的恨意，他在內心深處認為，放下憤怒等於縱容父親對他的惡行與虐待，等於抹消他承受過的痛苦與羞辱。

當他以智慧的眼光看待自己的抗拒，便跨越了最後一道障礙，憤怒與怨恨就此化解，就像杏仁殼在果肉風乾後自然剝落。由於他看清了真相，他不費吹灰之力，便迎來自由與原諒。

在這個深刻的平靜狀態，安祖感到一種神聖的存在充盈人生，他所愛、所忽視、所厭惡的每個人，都是這個存在的一部分，甚至連父親也是。後來他說，這個存在感覺像是愛，毫無緣由的愛，卻依然留駐。自從安祖療癒了內在小孩，他的汽車備用零件事業穩定成長，他不再抗拒為了開發事業而接觸別人，本來他怕會遭到潛在客戶的拒絕，但始終縈繞心頭的焦慮如今消失了。他說，他不再怕受傷，奇怪的是，世界也因此變得更友善。

潔亞和安祖展現了兩種天差地別的人生樣貌，一個人戴上成功者的面具，成就非凡，甚至克服了對愛的需要。可是，這麼做也使她無法接受愛、給予愛，養成了缺乏敏感與斷連的慣性狀態。

另一個人一生追尋愛，但因為他拒絕承認自己處於受苦狀態，所以會攻擊所愛的人。

看過這些故事，讓我們觀察自己是如何應對創傷小孩狀態。我們是否堅信，兒時經驗沒那麼糟，過度執著於往事沒有意義，不願面對內在的創傷狀態？

或者，我們是否把自身的痛苦與壓力當成榮譽，堅信那些過往成就了如今的自己？

我們是否沉浸在傷痛的往日回憶，合理化自己的憤怒，因為這讓我們感覺良好？

或者，我們是否早已忘記那些回憶，卻仍舊反覆重溫過去的情緒？這些行為乍看可能不盡相同，可是都代表我們陷入了創傷小孩狀態。

在此暫停。請緩慢、有意識地深呼吸三次，吐氣要比吸氣長。你對於童年經驗的認知是什麼？是充滿壓力，還是幸福美滿？單純觀察那些往事以各種存在狀態，流入當下。當個觀察者即可。

平息頭腦的泥淖

我們的心並不是單獨而封閉的小隔間，如果不療癒內在的創傷小孩，悲傷寂寞將氾濫至每段關係、每個互動。假如父母無意識地教育孩子緊抓傷痛不放，也可能導致痛苦世代傳承。

那麼，該如何解脫？

關鍵在慈悲。

我們可以抱持愛與慈悲，自問：我真的想這樣對待自己嗎？我真的想活在這樣的受苦狀態中嗎？

因為，我傷害的對象是我自己啊。十幾二十年前，確實有人傷害了我，但現在是我在傷害自己。

的確，創傷小孩狀態對我們而言可能很熟悉，甚至深感慰藉。談論那些傷害我們的人時，我們會受到認同，這種感覺可能使我們上癮；也說不定，我們為自己克服的難關感到自傲。然而，在這個過程中，我們變成了什麼樣的人？

我們想活在什麼狀態？

假如我們誠實勇敢地捫心自問這些問題，或許會醒悟，我們不想繼續在受苦狀態中浪費時間，連一天、一小時、一分鐘都不願。

即使你尚未準備好放下過去的痛苦，也請不要放棄。當受苦狀態出現，當我們感到壓力大或孤單，當我們不願意放下傷痛，請對自己溫柔一些。花點時間，想像看看：如果讓自己喚醒快樂小孩的美好狀態，會發生什麼事？

如果我們再一次放手去愛、去信任，會發生什麼事？

無論創傷小孩狀態對我們的控制力多大，只要被動地觀察內在狀態，觀察那些滲透進當下的往事，內在的煩亂自會平靜。

要知道，當我們放任水潭不管，泥巴自然會沉澱至潭底。如果忽略過去的傷痕，或是用自我成長的意義去掩飾，傷痕是無法痊癒的。唯有見證自身的內在狀態，我們的心才會療癒。

這麼做的同時，我們會喚醒平靜的美好狀態，在生活中開始信任他人，身邊的能量場開始轉化，吸引更豐盛富足的事物。

在快樂小孩的狀態，我們覺得整個世界都屬於自己，感受到超越文化、語言、種族的歸屬感與愛，任何人對我們而言皆是手足，皆是朋友。

還記得前面分享的小獅子故事嗎？初次聽到時，我們覺得這是自己所知最悲傷的故事。

不過，讓我們賦予它不同的結局，一個好結局。

母羊告誡小獅別再做白日夢，這時小獅相信了嗎？當然相信，他還年幼，小孩總是相信大人的話。

幾年過去，有天，一頭巨獅撞見這群羊，開始策畫攻勢。一看見巨獅，小獅和其他羊一同發出羊叫，拔腿就逃。巨獅對眼前景象震驚不已，攔住年輕獅子，咆哮道：「為何你像羊一樣顫抖哀鳴？為何你要從我面前逃離？你是年輕的獅子啊，快醒醒！」

年輕獅子聽不進巨獅的話，依舊簌簌發抖、咩咩哀叫。於是巨獅拉著年輕獅子來到河邊，要他看看自己的倒影。他定睛看著自己在巨獅旁邊的倒影，這時，一股不可思議的力量在全身竄流，他醒悟到自己與生俱來的力量，不禁發出震天獅吼，響徹森林，林中動物頓時全數噤聲。

你就像這頭年輕的獅子。當你喚醒美好狀態的力量，也就是意識的真正力量，生命中的一切都會開始改變。

正如獅子的咆哮震懾了其他弱小動物，你覺醒時的獅吼，也將震懾所有帶來傷痛的內在混亂。

而這不過是開端。

療癒創傷小孩——靈魂同步練習

以下是稍作調整的靈魂同步練習，協助你從創傷小孩狀態轉移至快樂小孩狀態。

練習前，你可能想要設定一個意圖，或是請求宇宙幫助你對自己感到慈悲。或許你還沒準備好放下過去的痛苦，沒關係。請對自己有耐心，就像你會耐心對待哭著求援的年幼孩子。

接下來，請按照第六十一頁，做完步驟一到五。

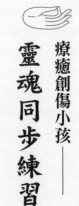

一、八次有意識的呼吸
二、八次有意識的呼吸，並在吐氣時發出嗡鳴聲
三、八次有意識的呼吸，觀察吸氣與吐氣之間的停頓
四、八次有意識的呼吸，一面默念「Ah-hum」或「我是」
五、八次有意識的呼吸，想像身體擴展進入光

這次到步驟六，你會感覺內在狀態從創傷小孩轉變為快樂小孩，進入能夠付出愛、信任、與人連結的狀態。

緩慢呼吸，感覺溫暖的金光充盈你的心，感覺愛在內心甦醒，感覺內在小孩展露微笑，蛻變為快樂小孩。

對自己微笑，對自己的生活微笑。剛開始，你可能必須在靜心中有意識地微笑，不久之後，你將能輕鬆自如進入喜悅的美好狀態。

第二部

第二個神聖祕密：發掘內在真相

——普瑞塔吉⊙撰

每一個人都有志成就大事，當個了不起的父母、了不起的伴侶、了不起的專業人士、了不起的運動員、了不起的財富創造者，或是帶來了不起的變革。然而我深信，如果宇宙要透過我們展現任何偉大之事，就必須令意識全然轉化綻放；想要達成真正的轉化，就必須與內在真相共存。

缺少內在真相，任何靈性成長都只是在追尋美好的理想，只是空洞的詩歌，迷失於詞藻之中，缺乏光明燦爛的核心。

讓我們用歷史上的例子來解釋。這是印度國父甘地從一介凡人蛻變為聖雄的故事，印度人尊稱他為聖雄，因為我們認為他擁有偉大的靈魂。

聖雄甘地曾在歷史上發揮關鍵的影響力，走出一條非暴力之路，帶領弱小之人擊敗壓迫者，贏得勝利。

一八九三年，甘地移居南非，希望當個成功的律師。到達南非後不久，甘地為了一樁法庭案件，以郵件購買一張頭等車廂車票，從德班遠赴普瑞托利亞。

一位白人查票員對他極為失禮，稱他是「黑人」、「苦力」，還命令他帶著行李去三等車廂，但甘地手持有效車票，堅決不從。查票員停下火車，毫不客氣地把甘地趕下去，帶著行李，站在彼得馬里茨堡一個寒冷小站的月台上。

現在暫時離開史實，試想甘地受辱地待在寒風中時，內在是什麼狀態。接下來，是克里希納吉和我的解讀：甘地在經歷關鍵的初次轉化時，發生了什麼事。

對於飽受屈辱的甘地而言，有幾個選項可以考慮。選項一是放棄在南非建立成功的律師事業，憤恨不平地回到印度。選項二是像無數前人一樣，吞下恥辱，繼續努力賺錢。選項三是滿懷不甘，留在南非，策畫報復查票員，或發動一場反對大英帝國的憤怒抗爭。

甘地選擇了第四個選項：將注意力帶到他憤怒、屈辱的受苦狀態，將其消融。在平靜的狀態中，他超越自我，與無數日日遭受壓迫的印度人感同身受。

他之所以展開非暴力抗爭運動，起而反抗南非的不公不義，並非出於他個人對英國的憎恨，而是對人民的深深同情。他初次面對內在真相之後，經過五十四年，聖雄甘地未曾大動干戈、不流一滴血，帶領擁有超越三億九千萬印度人的國家，脫離英國自立。這是一場由美好狀態引領的奮鬥。

看完這個故事，讓我們深入探索第二個神聖祕密。

世上許多人認定，想要成就大事，就非得大展謀略，洞悉對手，克敵制勝。不過，要是我們根本搞錯了呢？說不定，做大事的第一步並非制定策略？說不定，做大事的第一步是暫停，與自己的內在真相建立深刻的關係？

許多人與內在發生的一切斷開連結，在辨識內在狀態的真相時，經常犯下根本的錯誤，將內在的壓力誤當成熱情、憂慮誤當成愛、憤怒誤當成啟發、恐懼誤當成聰慧。

我見過很多人在學會辨別內在狀態後，感到極度震驚。他們驚訝地發現，儘管自己理性上知道這麼做很不智，卻仍緊抓著壓力情緒不放。他們已經習慣混亂的狀態，一則是因為他們不知道如何脫離，或是因為他們根本無法想像另一種存在方式。

如果我們與自身感受疏離，很容易把受苦狀態當成充滿激勵或有智慧的狀態。舉例來說，有些人把憤怒或壓力當成動力，將怒氣或焦慮視為工具。處在這種狀態下，當我們回顧自己得到的成果時，很容易變得對憤怒上癮，過度依賴受挫的感覺，不相信自己即使沒有這些情緒也能成功。

也有人是對憂慮上癮，我們所知唯一表達愛的方式，就是執著於所愛之人的健康、未來或成就。許多家庭的父母就是這樣對孩子表達愛，我們也是如此學會對自己的爸媽、朋友、小孩展現愛。

但是，這仍然是受苦的意識狀態。

還有人學會關注別人的內在狀態，卻忽略自身的狀態。雖然這類人不會把自己的不適怪在別人頭上，他們的第一直覺卻是瞭解他人，而非自己。這個做法看似充滿關懷，但假如你無法與自己建立連結，你也不可能與他人建立連結。

受到這種意識狀態驅使，會發生什麼事？我們或許能勉力取得成功，但路途將充滿困難險阻，使我們付出巨大代價，在往上爬的過程中樹立敵人、損害健康，或無法享受親手創造的一切，也不允許身邊的其他人享受快樂。假如我們相信壓力和焦慮是種動力，那我們也會讓團隊和家人跟著承受壓力。

確實，社會上始終存在吃苦當吃補、力爭上游才能成功之類的信念，想想看，我們多敬重所謂的「苦悶藝術家」，還有「拚命熬出頭」的領袖。可是，也許，受苦跟這些人的成功根本無關？也許，其實受苦妨礙了許多英雄和人才取得最大的成就？也許，其實是「從受苦中解脫」引領這些人邁向成功，卻沒有人看清這點？

所以，究竟什麼是內在真相？

內在真相：黑暗中的光芒

內在真相不代表要向他人告解，不代表說話必須誠實，而是遠遠比這些更深刻、更強大。

內在真相是種覺察力，卻又不只是覺察力。內在真相是以不帶評判的方式，觀察內在發生的狀況，並思考兩個與受苦有關的洞見——你或許還記得，我們全家去大熊湖租水上摩托車，克里希納吉在那裡覺醒，就是這個故事提到的洞見。這兩個洞見威力無窮，有如黑暗中的手電筒，將揭露你的內在真相，拯救你脫離受苦的魔爪。

第一個洞見是，無論什麼時候，你的存在狀態只可能有兩種：要不是受苦狀態，就是美好狀態，沒有第三種存在狀態。

第二個洞見是，任何受苦狀態都將因自我執迷而延續。

在此分享一個小故事，是關於我們的學生如何展開探索內在真相之旅。大多數人的生命中，面對內在真相，未必會像聖雄甘地那樣具有歷史意義；儘管如此，當我們貫徹第二個神聖祕密，生活的每個層面都將變得精彩。

兩名女子分別叫做丁娜和李，在學院吃晚餐，聊到受苦的話題。

「受苦是一種選擇。」丁娜說，她是職場女性，克服了許多人生困境。

李是社群領袖，整個職涯都為窮人發聲，聽見這話便說：「妳跟一群噴香水的有錢人坐在這裡吹冷氣，說這種話當然簡單！」

丁娜十分羞愧，於是離開現場。

那天晚上，我遇見她時，她看起來臉色好多了，所以我問她怎麼回事。

「我瞭解李和她的工作。」她說：「理解她的當下，我的受苦就消失了，我覺得好多了，其實，我還對她產生了同理心。」

「丁娜，妳今天領悟了這個道理。」我說：「但要是今晚有人給妳不可辯駁的證據，證明李其實是個傲慢的人呢？到時妳會有什麼感覺？是不是又會變得憤怒、不甘心？到時妳的同理心會變成怎樣？理解別人無法給妳自由，唯有自己的內在真相才能讓妳自由。妳必須認清，在她讓妳難受時，妳進入了什麼狀態。所以，在妳走出餐廳時，確切來說，妳進入了什麼樣的狀態？」

她說：「我那時在受苦狀態。一開始，我覺得很丟臉又吃驚，接著慢慢開始生氣。」

「如果進一步觀察那些狀態中的自己，妳當下有什麼思考過程？」

丁娜思考半晌，才回答：「好幾個月以前，她女兒生病，當時我為她提供金援。我很沮喪，她怎麼可以在大家面前羞辱我！她根本利用了我的善良，太忘恩負義了！這個教訓來得正好，我跟人相處應該更小心，不要被表面蒙蔽。」

「丁娜，請停下來觀察，無論妳覺得受辱、震驚還是憤怒，自我中心的執迷都讓妳的壓力狀態持續下去。假如妳在受苦的那一刻，就看清自我執迷的真相，自然能夠脫離痛苦。」

這是丁娜探索內在真相的起點。

試著瞭解別人的立場，本身沒有任何不對。

但這不等於內在真相。

相較於許多心理勵志學說，內在真相的神聖祕密的主要差別就在於此。當你開始難受，不要試著改變任何事，不要尋找各種理由來合理化，不要加以譴責。

請抗拒尋找外在理由的誘惑。

你只要明白，慣性執迷於自我會助長你的內在狀態。如果在受苦狀態翻來覆去地檢討問題，是沒辦法真正解決問題的，那只不過是自我執迷罷了。假如你能夠察覺自己又犯了這個毛病，一次次下來，真相的力量會逐漸發揮，讓你的生活迎來更多共時性。

真相不是要改變你的情緒。內在世界很奇妙，不會屈服於攻擊，你無法透過攻勢或巧計來打敗焦慮或孤獨。你只能被動無為地觀察任何浮現的情緒，這個觀察過程會打破受苦狀態的浪潮，使壓力狀態消解，轉而產生美好的平靜或喜悅。你需要做的就是見證自身狀態，而非反抗、操縱或閃避。

那麼，我們是否該在正面情緒出現時，試著抓住這些情緒不放？我們是否該努力擁有完美、高尚、愉快的情緒？

你見過古老的印度神廟嗎？這些廟宇飾有超脫世俗的神祇、智者、祈禱聖人的崇高形象，卻也有百姓餵養牲畜、人母為孩子梳頭的平凡形象。除了這些，還可以看到姿態挑逗的男女，以及長相醜陋、利牙凸肚、橫眉怒目的惡魔。

你大概想不到會在如此神聖之地看見這些裝飾吧？你以為，廟宇只會呈現純潔、脫俗、美好的形象。事實上，神廟兼容了聖潔與平庸、飢渴與滿足、憤怒與平靜、強大與弱小的元素。

你是不是正在思考為什麼？這是因為，神廟的結構象徵完整的人類經驗。唯有以平靜的態度關注頭腦的每一面，不是只注意正面的部分，才有可能瞥見內在真相。練習觀察內在真相，代表你對自己展現最極致的自我慈悲。

情緒可以消融，也可以積累。當我們沈溺在自我執迷時，就是困在痛苦中動彈不得，餵養自己的憤怒、悲傷或苦難，直到這些感受變成基本狀態。

自我執迷像是疾病，限制你對世界的理解。一旦執迷於自我，視野就會變得極度狹隘，在這種狀態，怎麼能夠有智慧地處理問題呢？

讓我們看看，與所愛之人建立連結時，如果放任自我執迷主導一切，會變成什麼情況。

在學院開設的課程上，一位學生和女友參與了第一天的問答時間，兩位都是三十出頭。這位參加者說：「我不是為了自己來的，是為了我女友來的，如果你能幫助她，那就太棒了。我很有勇氣，是個勇於直接面對恐懼的人，會參加地心冒險、玩高空彈跳跟飛行傘，樂於接受任何挑戰。但我女友膽子很小，不喜歡冒險。你能不能改變她？那我們就可以一起享受冒險了。」

克里希納吉沒有回答這個問題，他知道這名男子在當週結束前就會找到答案。克里希納吉反而問道：「你真的認為你毫無恐懼嗎？勇敢大膽就等於完全沒有恐懼不安嗎？何不花點時間觀察你的內在狀態，看看它對你們的關係有什麼影響？」

兩天後，這名男子和一位學院導師分享他的領悟，說：「想到要看清真相就把我給嚇壞了，不知道為什麼，這個念頭很嚇人。」

然後，他秉持著這個洞見，開始觀察自己的內在世界。

「過去三年來，我以為我是滿懷愛意的男友，」他告訴克里希納吉：「我會告訴自己，沒人能像我這麼愛她。可是，當我真的開始看清內在真相，雖然我很不想這樣說，但我太多時候沉浸在自我執迷。對我而言，愛她意味著偏執地不停想她，也希望她想著我，我要她接納我做的一切。就連在課堂上，我回答問題時，也會不斷尋求她的認可，時不時轉頭看她，伸手去牽她。要是她為了什麼理由不肯伸手，我就會發狂地想：為什麼她對我的碰觸不自在？是不是因為她不愛我？」

「看清我和她的關係充斥著不安和占有慾的受苦狀態，真的很難受。我滿腦子只想著自己。」他說：「我好害怕她會改變，我不想要她成長，希望她永遠是那個總是很興奮的小女孩。每次她給我成熟或冷漠的回應，我都非常害怕。更糟的是，有些時候我沒那麼喜歡她的陪伴，這時我就會很驚慌，怕我對她的愛正在消褪，於是我會送禮物給她驚喜，或是做些意料之外的事，一些完全不一樣的事，來說服自己我還是愛她的，也說服她我還愛她。」

接下來幾週，這位男子平靜地與內在真相建立連結，兩人的關係也隨之轉變。他們不再是兩個渴求愛、黏著對方、試著為彼此維繫熱情的人，而是兩個完整的個體，追求建立美滿家庭的共同目標。七年過去，他倆的愛依然歷久彌新。

練習內在真相的神聖祕密，將能夠避免無數分離與失落，能夠避免許多代價高昂的錯誤，不再對活在過去上癮，生活的經驗本身會變得更加美妙。記住，練習內在真相無法讓你對受苦免疫；可是，它具備強大的力量，足以沖淡維持一輩子的受苦習慣，就好比海水儘管只是輕輕流過，但只要遇到阻擋海洋的岩石，卻能在最堅硬的石頭留下痕跡。

每個人都養成了某種慣性的受苦狀態：焦慮、壓力、憤怒、失望、嫉妒、冷漠……假如不練習內在真相的神聖祕密，這些情緒將會失控，有如毒草，摧毀生命中所有美好的事物。

你可以對伴侶感到受傷，對父母生氣，對兄弟姐妹疏遠，或對小孩失望。這些不和諧令我們痛苦，然而，我們不但沒有以智慧應對、創造和諧，反而自怨自艾或責怪他人。從頭到尾，我們只在乎自己承受的不公。

當你沉浸在自己的執迷、自己的受苦，便無法為人生關卡找到解決之道，也無法和你真正的目的感連結。你為什麼結婚？為什麼生子？父母在你的生活占據什麼地位？你與朋友建立連結的基礎是什麼？

比方說，我們在工作場合遇到令人氣惱的狀況，讓我們真的動怒。倘若暫停一下，觀察負面情緒的真相，憤怒便會消失。回到平靜的存在狀態之後，說不定能從更深刻的觀點出發，解決問題，所謂更深刻的觀點是來自像這樣的探問：這份工作的意義是什麼？如何以這份工作影響別人？同事對我們有什麼意義？

只是，多少人會運用那片刻的時間，離開自我執迷的狀態？

回顧丁娜和李的故事。丁娜至少試著從憤怒抽離，但她忽略了一個關鍵步驟：觀察自己的內在真相。她並未徹底踏入頭腦的殿堂，其中有神祇與惡魔、施者與竊賊、美麗與醜惡。

在生活中的任何情況，問題之所以持續存在、變本加厲，並不是因為別人，而是因為你——因為你被自己完全佔據，受困於自我中心的思維無法自拔，看不清面前的挑戰其實很單純，導致人生變得複雜無比。

可是，我們不見得非如此不可。

這樣的論調聽起來可能很奇怪。很多人從小受到教導：假如想遠離受苦，就必須解決問題。但事實恰恰相反：假如想遠離問題，就從允許受苦消融開始。

前陣子，克里希納吉邀請朋友狄亞格來學院，參與特別課程。將近兩年前，狄亞格痛失愛子，死因是蓄意用藥過量。他兒子當時年僅十九，但憂鬱症已纏身多年，終於決定親手結束性命。他接受不了父親為其他女人離開母親，始終和繼母處不來，經常為此和父親爭執。最後，狄亞格失去耐心，對兒子感到失望，在情感上變得疏離。

兒子自殺的前一天，父子共進晚餐，吃飯時兒子說：「爸，這是你最後一次看到我。」

狄亞格原以為兒子只是想要激他再大吵一架，沒想到隔天便接到噩耗。

狄亞格無比絕望，不願原諒自己，深深陷入內疚與憂鬱，在他前來學院時，已經起了自殺的念頭。他停止和妻子、三個年幼的孩子交流，對事業的熱情熄滅，丟了工作，僅靠急遽減少的存款過活，健康也開始惡化。他向克里希納吉傾訴時，忍不住崩潰痛哭，說他想要懲罰自己，唯一能夠贖罪的方式就是受苦至死。狄亞格盼望死亡，好和兒子相聚，求得原諒。

克里希納吉特別為他設計私人課程，幫助他看清自我執迷帶來多大的痛苦。過程中，狄亞格認清他所有的傷痛、怒火、內疚不過是執念。在這以前，他認定愛兒子的唯一方法就是活在罪惡感中，決定下半輩子都必須受苦。

狄亞格震驚地發現，這不是愛，而是沒有意義的執迷。他再也無法平靜面對關於兒子的回憶，也無法與家裡的妻兒好好相處，滿腦子只剩下關於自己的念頭：

「為什麼我這麼盲目？為什麼我看不見他發出的所有訊號？為什麼我變得這麼自私？我不配活著，不配幸福。他會死是因為我，是我害死一個無辜的孩子。我讓他來到世上，卻沒辦法為他負責，他沒有活到現在都是我的錯。我永遠原諒不了自己……啊，為什麼我這麼盲目？」

這些想法在狄亞格腦中不停重播，持續好幾個月。

當他看清真實，明白這不是愛而是自我執迷，在這個瞬間，內疚自然而然消失了。狄亞格察覺他疏遠了仍然活著的家人，無意識地重演他與兒子的模式。

狄亞格脫離內疚以後，感受到深切的平靜，那些沒必要、永不停歇的雜念停止了。稍後，和克里希納吉靜心時，他感受到兒子的存在，於是為疏離、情感缺席的每個時刻尋求原諒，這時，他感覺兒子融入了自己的心靈。經過這場體驗，他說：「我用不著死，就能和兒子建立連結。兒子永遠是我的一部分。」

他和自己的戰爭停止了。

和兒子建立連結後，狄亞格自問：「我能夠以什麼方式紀念兒子？有沒有什麼我能為世界做的事情，可以讓他高興？」

他想到兒子熱愛當ＤＪ，於是決定每年在居住的城市舉辦競賽，選出最優秀的人，盡己所能協助他們被看見。這是他送給兒子的禮物。

我們在自己的生命、無數學院畢業生的生命中，一次次見證，只要持續堅持放下受苦，神奇的解決方法就會浮現，長久屹立的難關自然化解，抑鬱和焦慮也將失去影響力。

毫無疑問，只要從受苦解脫，這本身就是一種獎勵。不過，除了這份自由以外，如果採取本書的步驟，培養愛與連結的美好狀態，你將隨之迎來宇宙的幫助，這是不可思議的贈禮。所以，我想分享一個練習，能夠引領你脫離自我執迷，進入寧靜的美好狀態。

世界各地，許多領袖、追尋者、甚至是青少年和小孩，都會進行這個「平靜頭腦」練習。他們表示，自從養成做這個練習的習慣，身邊的各種狀況便神奇地迎刃而解，使他們以超乎想像的方式應對挑戰。

這個練習簡單得令人驚嘆，又能極為有效地防止受限狀態演變為執迷狀態。在遇到內在衝突的時刻做此練習，它將帶領你走出混亂，獲得清晰，進入更加安寧的空間，讓針對人生難題的洞見自動顯現。

練習——平靜頭腦練習

✦第一步：靜靜坐好。

✦第二步：全神貫注做三次腹式深呼吸。

✦第三步：觀察自己的狀態，直到你明白自己正在感受的確切情緒。

✦第四步：觀察思緒流向何方。你是否執著於過去？你是否投射了混亂的未來？還是正處於當下？

✦第五步：想像眉心中央有個小火焰，往內移動至頭顱中心。想像這小火焰飄浮在虛空中。

如需普瑞塔吉的平靜頭腦練習中文音訊檔，請前往 www.breathingroom.com/free-meditation-chinese，進一步了解。

最棒的是，**這個力量強大的練習只要三分鐘**，而且隨時隨地皆可進行。發現自己與小孩或伴侶爭吵時，你可以用這個練習確認自己的狀態。下一次參與重要的會議時，如果思路開始混亂不清，你可以用這個練習讓自己頭腦清醒。每天早上練習瑜珈或運動時，你可以用它幫助自己克服關卡。記住，你只需要暫停三分鐘，就能帶著嶄新的專注力與活力，重新投入生活。

當你不再執著地沉迷於過往，或把憂慮投射於未來，你就會明白，自己已進入平靜頭腦的狀態，準備好優雅、自在地迎接當下帶給你的一切。

瞭解如何面對自己的內在真相以後，現在的你已經準備好展開第二段生命旅程了。

讓我們啟程吧。

第二段生命旅程：消融內在分裂

——普瑞塔吉⊙撰

女兒洛卡五歲時，英文老師教她一首題為〈內在與外在〉的詩，作者是艾比蓋兒．格非（Abigail Griffith），開頭是這樣的：

內在的我和外在的我
大不相同

這首詩接著描寫，在許多地方，敘事者的外表和她對自己的觀感並不一致。

接著，老師要洛卡以這首詩為範例，照著寫一首自己的版本。

二十五分鐘後，儘管洛卡寫不出跟範例一樣的詩，但老師把她創作的詩交給我，說：「洛卡的詩跟跟範例差很多，但妳會喜歡的。」然後就離開了。

以下是洛卡的詩：

我很漂亮
像嗡嗡的蜜蜂
我不想變成
跟我不一樣的人

我機智又聰明
貼心又善良
為什麼我要

改變本來就很好的東西？

我想要跟
每個美好的人交朋友
我就是我
你就是你！

作為範本的詩描寫的是內心有兩種聲音的人，但洛卡的內在並沒有分裂。大家認識洛卡時，見到的是個處於美好狀態的人，這樣的經驗並非僅限於她的童年，時至今日，她的內在依然保有同樣的澄澈，以及毫無衝突的狀態。

也許，很多人兒時都像她一樣。我們都曾全心全意、毫無自我意識地擁抱所愛之人，曾因狗毛的觸感、水果的滋味而喜悅，曾欣賞雨後初晴的彩虹，生活中單純的快樂為感官製造許多驚喜，我們感到歡喜、完整無缺。

不知何時開始，許多人變成分裂、自我衝突的人，自我執迷於焉札根。很多時候，社會加強了這種分裂感，我們在以分數和排名為基礎的體制中受教育，學會比較、競爭、偏見，學會不將同儕視為朋友，而是競爭對手。

我們不只在打對抗別人的戰爭，更學會和自己展開戰爭。我們開始在心中描繪自己希冀成為的樣子，一旦達不到自己的期待，便氣餒至極。在無意識中，我們要不是變得急於討好別人，就是變得急於證明自己。作為取悅者，我們會活在別人不喜歡自己的恐懼中，於是千方百計要安撫他人。作為證明者，我們會牢牢記住過去的傷痛、不肯忘卻憤怒的對話，於是千方百計要證明傷害我們的人都錯了。我們太習慣過著戰爭時期般的生活，忘了其實還有其他存在方式。

可是，我們最初怎麼會遠離完整的美好狀態？我們怎麼不再是那個真實、美好的自我？我們怎麼變成了這麼自我中心的人？

我為什麼不快樂？

每天一早，誰伴你一同甦醒？誰與你共度人生的每分每秒，甚至隨你入夢？當你孤獨、當你找人做伴，是誰在你身旁？

你。

你愛這個你嗎？你關心這個你嗎？還是對這個你百般挑惕、批判？你是自己最好的朋友嗎？

想想看，當你生朋友、家人或同事的氣，會發生什麼事。你會試著改變他們，給予建議，或告訴對方你不會容忍他們的行為，說不定還會祈禱他們改變。假如對方拒絕，你可能會加以疏遠，減少和他們有關的計畫，比較晚回電。如果狀況變得難以忍受，你搞不好還會一刀兩斷。

但是，萬一你不滿的對象就是自己呢？

萬一你不喜歡的對象就是自己呢？

萬一你恨之入骨的對象就是自己呢？

請在此暫停，深吸一口氣，緩緩吐氣，重複深呼吸幾遍。靜靜將注意力帶到你和自己的關係，專注在那些你在乎、尊重自己、處於美好狀態的時刻。深呼吸，花幾分鐘停留在這樣的觀察狀態中。

接下來，專注在那些你不滿、不喜歡自己，處於受苦狀態的時刻。深呼吸，觀察你在這些時刻的狀態。

希望在你生活中的某些時刻，曾有和自己建立美好連結的感受，這時的你單純喜愛自己的模樣。

可能也有些時候，你感覺內在充滿痛苦煎熬，這些時刻，你大概一則是尋求外在的解決方法，藉以逃離，或是把內在戰爭視為「正常」，忘了你不該是這個相互衝突的自我，而該是美好的自我。你不是身處叢林、害怕自己無法存活的綿羊，而是獅子。

倘若未能和自己建立美好的關係，那麼和自身有關的一切，舉凡我們怎麼走路、怎麼交談、怎麼說話、怎麼思考、為成功付出的努力……都將沾染甩不掉的自我懷疑。卡在這種受苦狀態，怎麼可能成就任何事情？所以，我們必須消融這個狀態。

很多人無法調適日漸加深的內在分裂，絕望地試著反覆鍛鍊身體，數百萬人吸毒、酗酒，甚至考慮或實行自殺。

然而，縱然拚命向外探求改變自我觀感的方法，卻沒有任何證據顯示，一個人在自我衝突的狀態下還能得到幸福。畢竟，假如你把多數時間耗費在自相衝突的狀態，會剩下多少力氣去享受關係、財富、閒暇或成功呢？

如果沒辦法與自我和平共處，還會發生什麼事？

你小時候玩過鬼抓人嗎？我玩的版本是站在圓圈中央，說：「一二三四五，上山抓老虎……」然後讓其他小孩逐一出局，直到只剩下鬼。

我們當時是怎麼做的？我們沒有做出清楚的決斷，反而交由運氣決定，不管輪到誰當鬼，都沒有人需要負責。

如果內在不和諧，即便已經成年，要做出生命中最重要的決定時，方式往往也不會和諧。因為受苦狀態，我們猶疑不決，對自身、對自己的決定失去信心與尊重，持續數著「一二三四五」來選擇工作、伴侶、合作夥伴，總是無法自信地下決定或選擇。

就算真的選擇，我們依然不斷質疑。已經維持一段關係三年，仍然要懷疑自己不是愛上對的人；同一份工作做了十年，仍然要懷疑自己的職涯抉擇；已經畢業多年，仍然要懷疑自己的主修……當我們迷失在相互衝突的觀點與意見之中，便忘了生命確實能夠美滿。

我們難以忍受內在混亂，匆匆試過一個又一個應急方法，千方百計平息這些彼此矛盾、絮絮叨叨的聲音，逃離內在的幽閉恐懼症。然而，什麼方法都無法達成持久的改變，讓我們覺得世界給了自己下下籤。

「我明明就是個好人！」我們哭喊：「我一生從未傷害任何人，為什麼我這麼不快樂？」

衝突自我的三種表現

著名的印度史詩《羅摩衍那》（*Ramayana*）中，魔王羅波那身處一個獨特的兩難局面。他不像我們所知的許多反派那樣，是愚蠢或邪惡的王，反倒是知識淵博的學者，熟讀經書，使王國繁榮昌盛。

此人在許多方面擁有美德，卻為何害死兄弟、兒子、甚至是整個宗族？為何綁架英雄羅摩的妻子，導致自己的王國葬於火海？一個如此見識豐富的人，為何引發這些災難？

故事中將羅波那描述為擁有十個頭的人，這麼多顆頭，象徵他相互牴觸的價值觀和執迷不悟的欲望，使他困在思緒當中走不出來。無論任何知識，都無法化解他內在彼此衝突的欲望與價值觀，令他痛苦不堪。這個人在和自己打仗，不消多久，這場戰爭便波及身邊所有人。

閱讀羅波那的故事時，你可能會冒出一個從古至今無人能解的疑問：

為什麼好人會變壞？

在人生的某個階段，我們都問過這個問題，不是嗎？我們看著迷失方向的手足、子女、親友，納悶：到底哪裡出了問題？我們注視曾經信任的領袖或藝術家，自問：他們怎麼偏離原先的道路這麼遠？

當人迷失於內在戰爭，就會變得有如羅波那：不僅會自我毀滅，也有能力毀滅他人。即使是數百人之中最良善的人，假如他內在的價值觀彼此征戰，亦勢必會為世界帶來混亂。

點燃內在戰爭的火種可能是相互矛盾的渴望，例如：

我想當個無私奉獻的母親，但這樣一來，非得放棄事業不可……我沒辦法兩者兼顧。

我想升遷，但這樣一來，就沒辦法四處旅行……我想我只好定下來了。

我想要愛情，但還是想要享受單身生活……不管怎樣我都不會快樂。

產生內在戰爭的原因，也可能是理想與現實的衝突。我們渴望培養美德，卻深受惡習吸引；我們渴望做個耐心、親切的人，實際上卻滿懷怒氣與厭煩。

可是，假如你無法從內在衝突解脫，那不管選了哪條路都不重要。你的不滿將強化為抑鬱狀態，甚至變得憎恨自己、憎恨世界。

羅波那就是這種狀況。縱使他明白矛盾的欲望將招致惡果，也將決定整個王國的命運，他依然無法抗拒。

許多人承受與羅波那相同的內在痛苦。但是，倘若我們的內在世界是個戰場，何時才能享受自由或快樂的美好狀態？

「戰場」這個詞聽來可能太過強烈。是啊，我們都有許多感到不滿足、不受認可的時候，不過人生本來就是這樣。

是嗎？

也許生活中的掙扎看似源於外界，但事實上，是我們向世界釋放了毀滅性的力量，因為我們接納了以下這些衝突自我的表現方式。

內在戰爭的第一種表現，就是「萎縮自我」。

萎縮自我

亞歷大約十二、三歲時，比同學瘦小許多，弱不禁風，因此遭受霸凌。為了化解這個羞恥狀態，他成為一名體操選手，等到他上大學後，已是校內數一數二俊美的學生，女孩全都抵擋不了他的魅力。

他的成就不止於此，在職場上也大獲成功，累積財富，娶得美人歸。然而，時至今日，亞歷仍然容易不安、缺乏自信，因為他就是忍不住要和別人比較。他會比較伴侶與前女友的行為，所以他經常懷疑伴侶是否感受到或需要他的愛。

他以為，只要他樣樣頂尖，就沒有理由自覺不如人。他從小便決定，他要爬到只有別人來跟他比較的位置，這樣他就不需要跟別人比較。

可是，踏上面對真相的內在之旅以後，他發現事實根本相距甚遠。儘管事事成功、生活富足，他卻執迷於持續比較的習慣！

由於無法從受苦狀態脫身，他在事業上產生了奇怪的模式。每達成一筆交易，即使從中獲利，他都會覺得不夠好，認定別人總是拿到更好的交易。他還覺得，自己非得耗盡心力才能成功；在他心目中，其他任何人都比他輕鬆得多。

一直到他消融內在的不和諧，這個模式終於改變。在與克里希納吉進行奧祕靜心之後，他從有限自我的幻相中覺醒，體驗不再分裂、不再需要比較的意識狀態，此時，全新的智慧在他內心油然而生。

體驗到意識的轉化以後，亞歷發現，進入富有創意、心智澄明的美好狀態變得容易許多。他以此為基礎，創造了如今的成就。

亞歷過去經歷的萎縮自我並不少見，它經常表現為過度介意自身行為、欠缺自信、自尊低落。如同亞歷的例子，有時候，我們迫切試著令萎縮自我成長，結果卻變得極具侵略性。

然而，萎縮自我的真相是什麼？

萎縮自我的起因，是慣性和別人比較、覺得自己比不上他人，到了成癮的地步。

我們自覺渺小、無關緊要。在我們認定更聰明、更美麗、更有才華的人面前，我們渾身不自在。我們以為別人都覺得我們比較差，從而過度在意他人目光。

萎縮自我使人猶疑不定，對生活中的快樂卻步，缺乏追求內心渴望的勇氣。

破壞自我

內在戰爭的第二種表現，叫做「破壞自我」。

艾莉和葛雷是來自倫敦的夫妻，兩人感情出現裂痕已超過十年，但仍為了兒子維持關係。直到兒子上大學，兩人才決定正式離婚。不幸的是，他們的問題並未就此了結。

葛雷的個性一向理智，可是正式離婚之後，他卻性情丕變。他心生怨恨，打定主意不讓艾莉好過。結縭這些年，她老是掌控而霸道，葛雷則逆來順受。離婚彷彿解放了他，讓他沉溺於壓抑多年的怒火與敵意，不斷將問題連連、破碎的家庭生活拿去與理想生活比較，把自己的不幸怪在前妻身上。

葛雷受過良好教育，經濟獨立，有能力享受平靜的生活，但卻執著於報復。

當我們進入破壞自我的狀態，情緒將會失衡、衝動、不穩。破壞自我可能表現為完美主義、野心過強、冷酷無情，或是對快感、不良習慣或工作上癮。

在這種狀態下，我們把他人視為競爭對手或敵人，比起自身的成長和幸福安康，我們覺得主宰他人或彰顯自己的力量更加重要。我們把親友當成敵人，變得心腸冷酷、不近人情，只和極少數人交心，導致建立不健康的關係。

產生破壞自我，正是因為我們一再比較現實與夢想生活，還對這個習慣上癮。

然而，我們不但比較，更把不如意的現狀歸咎於別人。人生成了一場戰爭。

怠惰自我

內在戰爭的第三種表現，稱為「怠惰自我」。蓓詩一輩子都和姐妹比較，而她永遠比較差。她不如姐妹漂亮，又有學習障礙，無法在事業上交出像姐妹那樣亮眼的成績。更糟的是，她父母總是嫌她太懶，令她的內在戰爭進一步惡化。

於是，她落入惡性循環：暴飲暴食，不運動也不工作，失去了本來就少得可憐的自信；做出不智的投資決定，揮霍僅有的財產；她幻想自己應得的美好人生，但這個夢想看似遙不可及。

怠惰自我最常見的特徵是冷漠、不負責任、懶散和拖延。我們缺乏動力與動機，吸引我們的唯一一件事，就是做白日夢！是什麼在驅動怠惰自我？一樣，是與他人比較的習慣。只不過，萎縮自我會奮力掙扎，怠惰自我則是在毫無努力之下就放棄了。

我們也因此放棄期盼好事降臨。

如果我們發現自己的身影出現在類似的故事中，很容易立即歸咎為壞習慣或行為特徵，必須即刻改正。

渴望掙脫萎縮自我的束縛時，我們可能會投入極限運動，以為解決自尊低落的辦法就是投射光輝燦爛的自我形象，殊不知只會在無意間加劇內在分裂。

嘗試超越破壞自我時，我們可能會試著改進自身行為、文化、語言，企圖管理好自己、駕馭自己，卻往往只是用一種成癮換取另一種成癮。

最後，想要擺脫怠惰狀態時，我們拚命強迫自己上健身房、排毒，卻從未面對自己的意識。

這些解決方法能夠長久嗎？這些只不過是深層內在戰爭的症狀，如果不認清這個事實，又怎麼可能真正轉化？

請在此暫停。深呼吸，觀察對自己感到不快、不滿足或厭惡的時刻。

你的內在戰爭變成了哪種自我？

請被動地觀察這些自我對生活造成什麼影響。

追尋失落的愛

偉大的蒙兀兒帝國君主阿克巴雅好考驗智慧的難題、與大臣辯論，並以此聞名。傳說他曾對大臣發出頗為有趣的挑戰：

找出全國最傻的三個傻子。

一名才智超群的臣子畢兒博四處奔走，耗費一整天尋找三個大傻瓜，卻空手而歸。日暮時分，畢兒博正要回到君主身邊，這時看見一個人在幽暗的路燈下找東西。

畢兒博走上前，問那人在找什麼。

那老人看見衣著高貴的大臣，恭敬地答說自己正在找弄丟的鑰匙。畢兒博十分同情，於是幫老人一起找。過了幾分鐘，畢兒博問老人丟失鑰匙的確切地點，只見老人指向一個黑漆漆的角落，離他正在找的地方相當遠。

「你明明在那裡弄丟鑰匙，為什麼在這裡找呢？」

「因為這裡有光啊。」

畢兒博露出微笑，充滿信心，認為自己圓滿完成任務。他帶著傻子回去見皇帝，敘述這個故事，皇帝捧腹大笑，但仍告訴畢兒博任務尚未達成，因為還有兩個傻子要找。

「不，傻子就在這裡，」畢兒博答道：「第二個傻子是交代這個傻任務的你，第三個傻子是傻傻執行任務的我！」

我們多少次暗自納悶，為何外在方法都解決不了內在戰爭？是啊，世上充斥可以暫時帶來滿足感的應急之道，然而一旦下一個難關來臨，我們便回到相同的衝突、怪罪、自我厭惡風暴。

我們恰似畢兒博故事中的老人，不知該去哪裡尋求解決辦法，所以也解決不了問題。即便我們願意內省，也總盼著一刀斬除受苦狀態。我們為自己的木訥、縮水的自我價值、自我懷疑而責怪自己，不過，要是這些都反映了更深層的狀態呢？

一切不快樂的根源，都是無法停止自我執迷。

每當我們與他人分享這個深刻、改變生命的體悟，總是馬上遭逢抗拒。

明明是我的伴侶做了……

明明是我的小孩不聽……

明明是老闆搶我功勞。

你說不定會想，「所有不快樂都源於自我執迷」的原則總會有例外吧？何況，是你正在讀這本如何改變人生的書呀！是你在別人都提早五分鐘下班的時候留下來，是你確保小孩吃飽、確保有付錢給水電工、確保預約牙醫，等等……

這麼努力當個好人，怎麼可能會是引發壓力的罪魁禍首？一定是哪裡搞錯了。

這麼無私的人，怎麼可能自我執迷？

首先要釐清的是，自私和自我執迷有很大的差異。這裡所說的自我執迷，不是毫不顧及他人就採取行動，而是內心被自我完全佔滿。

在否認自我執迷以前，不妨先自問：我們多常在內心發動想像的戰爭，與他人比較，執迷於別人如何看待自己？多常在臉書上貼文之後，想像別人做出負面反應，於是在任何人真的回應前，就搶先發布反制的貼文？

我們又多常索性把自己的感受怪到別人身上，即便明明是自己的想法反覆陷入自我執迷的循環？

別忘了，這種對自我念念不忘的狀態，正是不快樂與內在戰爭的溫床。除非與自己和解，否則內在世界永遠會是衝突的戰場：

為什麼那個人比我更受喜愛？

為什麼我的人生沒辦法更像她一樣？

他好有魅力、好機智，為什麼我不像他？
為什麼我不是含著金湯匙出生？為什麼他就是？

你可以繼續像這樣哀嘆：「為什麼是我？」或「為什麼不是我？」不過，我們的內在掙扎和外在情況毫無關係。你不如父親高、不如大學室友成功，這些是人生事實，無所謂好壞。這些事實可能導致不便或困難，但外在問題總有方法可以解決。

當然，每個人在生活中多少經歷過挑戰，我們無意否定。肉身擁有的時間如此短暫，不是每個人都具備良好的健康狀況或充滿愛的家人，對世上的許多人來說，人生既不輕鬆，也不圓滿。

可是，除了人生的艱難之外，如果還製造出自我執迷的漩渦，我們會變得只能看見人生的不公平。從身體、生活到整個世界，我們的頭腦會使一切變得殘缺不全或醜惡，開始因為誇大、痛苦的「不公平感」而受苦，彷彿宇宙什麼都吝於給予。我們抱怨：「運氣這麼差，我們怎麼可能得到安寧？」

你難道沒發現，處於這種受苦狀態時，人生的問題和混亂會不斷增長？

一旦自我執迷接管一切，便無法解決生活中真正的問題。我們養成永遠不安的心態，就算他人沒有那個意思，依然感到受辱、不受尊重。我們不滿意自己真實的樣子，執迷於應該成為的形象。在心理層面上，我們絕望地試圖存活下去，努力達到他人的標準，贏取對方的關注。

我們戴上許多面具，卻仍舊無法掌握美好意識狀態的真實力量。

或許我們嘴上說要自愛、自我照顧，但我們往往只關注表面的解決方法，根本處理不了過度自我執迷的核心問題。

然而，假如放任內在自我處於受苦狀態，不顧內心的傷口和疼痛，自我照顧又能多徹底呢？假如為自己規劃美好的假期，卻不從永不停歇的內在雜音中休息，自愛又稱得上多真摯呢？在這種狀態下，我們失去方向、與人斷連，根本不可能歡慶生命。

真摯的自愛，必須遠離自我執迷，進入美好狀態。

該怎麼做？

走出痛苦的執迷，進入溫和的觀察。

精神醫學臨床教授丹尼爾．席格（Daniel Siegel）認為，每當我們進入觀察狀態，腦部的神經活動就會從杏仁核（恐懼與憤怒中樞）轉移至內側前額葉（與智慧思考和擴展的連結狀態有關的區域）。

以上是科學家對觀察的認知，從神祕學的角度而言，許多東方神祇的形象都描繪第三隻眼，第三隻眼就是透過觀察來開啟。

邁向美好自我的旅程始於真相，因為光是真相本身就能令我們自由。如果認清內在戰爭的真相，以及這些衝突如何扭曲我們對生活的認知，我們將能在不加評斷的情況下轉化生命，這時就會迎來寧靜的美好狀態。倘若我們接受自己永遠會與他人比較，認清自己的斷連狀態多強烈，但並不對抗或以此為恥，那麼美好的連結狀態將在內在升起。假如我們看見，永不止息的不滿足在生活中引發多大的混亂，新的秩序將開始浮現。

以下分享莫琳的故事，她來自地中海，勇敢地實現了自我的轉化。認識莫琳時，她四十出頭，縱橫職場，展現強悍的形象，體格極佳，很少露出笑容。即使是日常生活常見的對話，她說起來也有些硬梆梆的。不過，在一次靜修當中，我引領所有追尋者展開完滿之旅，莫琳體驗到了真正的蛻變。

莫琳年僅八、九歲時，遭陌生人強暴，那人臨走前對她啐了一口，說：「妳長得真醜。」

多年來，為了克服憤怒和無法擺脫的自我輕視，她看了許多治療師。她結過兩次婚。她擔任重要職位，以效率和無情聞名，但她從未感覺到自己渴望的尊重。

隨著我們引導她進入深層靜心狀態，她首次以旁觀者的被動角度，觀察整起事件。衝突自我沒有對她怒吼：「這種事不該發生，我的人生不該是這樣子。」她沒有想到「本該是」或「不該是」，事件就是這麼發生，她人生中的每件事都是一個發生。有生以來，她頭一次不在被創傷自我吞噬的狀況下，觀察自己的人生。

隨著她愈發深入無限場域靜心，她產生相當特殊的體驗，感覺宇宙擁抱著她，彷彿宇宙是個活生生的存在，想要將她擁入懷中，幫她療癒深受創傷的那部分自我。

她告訴我們，那種感覺就像她的心原本已經碎裂，但在那個超越塵世的懷抱中終於拼合。

雖然這份不可思議的體驗極為強大，不過她生活中的改變只能以奇蹟來形容。

這個為她帶來諸多痛苦的事件，使她深受創傷的事件，從此只是人生的一個片刻，她能夠從平靜的美好狀態回顧這個事件。

自從這份力量非凡的轉化體驗，她對自己產生更深切的愛與疼惜，自我執迷宣告終結。升遷多次的她再度獲得升職機會時，她頭一次予以婉拒。她決定繼續內在旅程，以最無私的方式運用她的發現。

「我想要用這些時間來療癒別人。」她說。

從此，莫琳重新定義她在公司中的角色，成為基層年輕員工的導師，並滿足於她在生活中找到的愛。

我們用不著經歷相同的創傷，都能體會莫琳的痛苦。可是，我們必須從宛如惡夢般糾纏的記憶中脫身，喚醒和諧狀態。

如果觀察所有衝突自我的狀態，會發現這些狀態本質上都是內在批判，會撕裂我們，把喜悅、冷靜的美好狀態從生活中奪走。不管經歷過什麼，不管人生是單純抑或複雜，一旦陷入衝突自我的魔爪，我們都將批判關於自己的一切：外貌、地位、家庭、整個人生。不斷批判的習慣造成了內在分裂，這些評論把每個人生經驗劃分成「應該」和「不該」，正是這個習慣逼迫我們比較、展開內在戰爭。

當你注視自己的身體，你看不見它真實的樣貌，而是針對它「該有或不該有的樣子」，批判每一寸髮膚。當你與家人相處，你不是真的臨在，而是針對每個家人「該有或不該有的樣子」予以批判。當你回到家中，你無法放鬆享受，而是批判它「應該再大或再小一點」或「不該是這樣」。當你去工作，你並未充滿使命感或創意，而是心想「我應該去別的地方工作」或「我不該來這裡」，如此批判每一天。

當你化身為生命的觀察者，所有批判都將變得多餘，有如枯葉般從身上飄落，由覺知之河帶走。你的存在將散發深刻的平靜和喜悅，在這個超凡的意識狀態，每個失敗都獲得化解，不需要怪罪自己或他人；每次挫敗都受到接納，不需要為自己開脫或譴責他人；別人的話語和主張，不再是你看待自我或身體的方式；無論是憤怒的自我、嫉妒的自我、孤單的自我，都讓你感到自在，你身上沒有任何地方是錯的，全然接納整個自己。以這種意識狀態繼續觀察下去，你將發現慈悲和自由的真諦。

那些從不止息的批判，把每種人生體驗區分為好或壞、美或醜、該或不該。

少了這些批判，我們將超越驕傲和屈辱，超越內疚和懊悔，進入純粹的意識維度，在那裡，一切皆是神聖，一切皆是以本來的面貌存在，生命中的每個人都是該有的樣子，人生本就是該有的樣子：是宇宙之流的一部分。

走出內在戰爭後，我們將會覺醒，認清內心的熱情所在以及人生的崇高使命；我們更能陪伴所愛之人，更有能力為社群和世界付出；我們真正受到啟迪，為身邊的人創造改變。

我們超越「應該」和「不該」，來到「純粹存在」的境界。我們熱愛生命，熱愛自己，這就是意識的美好狀態。

請在此暫停，放慢速度。呼吸，感受自己的身體。沒有所謂「應該」或「不該」，你的身體單純只是存在。

慢慢呼吸，在心中默想家人。沒有所謂「應該」或「不該」，他們是你的家人，單純只是存在。

深呼吸，看看自己的家。沒有所謂「應該」或「不該」，這是你的家，單純只是存在。

最後，以仁慈之心觀察你的自我批判。不要為了自己的主觀評價生自己的氣，對它微笑吧。沒有所謂「應該」或「不該」，只有純粹的存在。以澄澈的心境觀察存在的事物，將引領你進入平靜、內在圓滿的美好狀態。隨著自我戰爭終結，你將唱起全新的歌，歡唱自己的美好人生。

靈魂同步練習——

從衝突自我蛻變為美好自我

等你瞭解全然置身平靜和諧的狀態會是什麼樣子，可能會決定開始做這個靈魂同步練習。

同樣的，請重複第六十一頁靈魂同步練習的前五步驟。到了第六步驟，請想像或感受自己身為美好自我，再也不會與自己、與人生、與別人、與周遭的世界打仗。感受一下，與自己和解、徹底接納當下的自己是什麼樣子。

第三部

第三個神聖祕密：喚醒宇宙智慧——普瑞塔吉◎撰

人體是由大自然的六十個元素組成，在現代，這些元素只值大約一百六十美金。

在這些元素裡頭，其中六種占了人體的百分之九十九，也就是氧、氫、碳、氮、鈣、磷。有趣的是，人體不只是把這些元素湊在一起，而是藉由不可思議的超凡智慧，把這些化合物轉變為心臟、腦袋、血液、骨骼和ＤＮＡ。從這六十種元素，竟然能製造兩百種不同的細胞，再組成人體，真是難以想像！

你遇見的每個生命，不管是松樹、蘑菇、阿米巴蟲、鯨魚還是犀牛，背後都有某種宇宙智慧在運作。

你覺得這份智慧位於身體的何處呢？

標準答案是腦部，那裡有一千億神經元、上兆支援細胞、上千兆神經連結。但你可知道，心臟有將近四萬個與腦部非常相似的神經元，而且也涉及感覺、直覺和決策？你的腸則有五億個神經元，這些器官都會參與感受與決策。

從我們在 O&O 學院帶領的轉化過程，我們見證學員釋放過去的記憶。這些記憶通常儲存在脊髓不同位置的神經元中，一旦獲得解脫，他們看待過去的方式便徹底改變，言行舉止都更加正向。

所以，腦部有智慧，心臟有智慧，腸有智慧，脊髓也有智慧。別以為智慧僅限於人體的任何一個器官。正如我們不能認定人體中唯獨腦部擁有智慧，我們也不能認定唯獨擁有腦的生物才有智慧。正如腦、腸、心臟、脊髓的智慧並非相互分離，而是彼此合一，在眼前所見的廣闊宇宙當中，無數生命形式的背後，同樣有個看不見的宇宙智慧。

要是我們可以運用這份智慧呢？

其實，我們可以。

宇宙智慧的贈禮

有些人苦於斷連、陷入瓶頸，對他們而言，第三個神聖祕密可謂貨真價實的禮物。許多人見識過強而有力的鐵證，認定這個世界殘酷無情，早已心灰意冷，不認為有誰會支持我們的願望與夢想。

但人生不一定非得這麼過。

當你了悟到宇宙智慧的存在，將體驗到一波又一波嶄新的想法，以及讓你活得如魚得水的巧合與共時性。

斯里尼瓦瑟・拉馬努金（Srinivasa Ramanujan）是印度最偉大的數學家，他演算時經常處在全然敞開的狀態，這種時刻，宇宙智慧會向他揭示複雜精密的數學公式與解法。然後，他會回歸平常的狀態，反推他見證的解法和公式，把證明記錄下來。在他死後過了九十八年，時至今日，他的公式被運用於瞭解黑洞的特性。

你會發現，無論何時，只要能夠真正放下所有憂慮、恐懼和執迷，單純向宇宙智慧請求幫助，援手就會迅速來到，顯現為你心中的想法、身體的療癒。在外界眼中，這就像巧合或徹底的奇蹟，替你解決生命的關卡。

這讓人想起一個印度寓言。有座小鎮，鎮上所有動物決定去森林散步，馬、驢子、老鼠、豬、蝙蝠、貓通通加入了。

忽然，狗發現住在鎮公所的蜥蜴沒來，於是跑去鎮公所，邀請躺在屋頂的蜥蜴同去散步。

蜥蜴露出擔憂的表情。

「抱歉，」蜥蜴說：「我不能去散步，要是我下去，我背上支撐的屋頂會垮掉。」

某方面而言，我們活在恐懼、擔憂、絕望狀態時，就像這隻無知的蜥蜴。恐懼使我們看不清宏觀的真相。

處於放手狀態時，你會和宇宙產生連結，開闢前進的道路。

答案可能會以念頭的形式，在臨睡前或夢中從腦海一閃而過，往往讓你在醒來時感到極度清明。也說不定，解決方案出現的形式，會是朋友伸出援手，或同事表明他恰好知道如何應對這個挑戰。

神與人的連結，大概是世上最古老的關係。我們經常說要慶祝十週年、二十五週年等紀念日，但我們是不是忘了慶祝一萬週年或八萬週年紀念日呢？這段恆久的關係，就是人和宇宙意識的關係。

綜觀歷史，在每片土地上，從神秘家的領悟中，隨處可見有關這段奧妙關係的紀錄，鮮為人知的實相也呼之欲出。

某些文化中，人和宇宙意識或源頭（the source）的關係非常私密，在其他文化中，這種關係則超越了個人。這段關係永垂不朽，恰如米開朗基羅在梵蒂岡的畫作，超驗的存在向平凡的世俗意識伸出手，而世俗的存在則盼望揚升至超驗。

大自然賦予人能看、能聽、能觸摸、能感受的腦，我們相信，大自然同樣在人腦中留了一扇窗，讓人能夠經驗宇宙。當我們進入放下狀態，也許就是觸發了腦部的特定部位，才得以經驗宇宙智慧。

不少學院畢業生體驗過宇宙智慧的力量與恩典，這類故事不勝枚舉。其中一個故事的主角是位英國醫生。

這位醫生四十五歲時，接受例行健康檢查，震驚地發現體內的癌症標記數值極高，卻找不到癌症發作的確切部位。妻子女兒的生活全仗他扶持，因此他極為擔心妻小。

進行過數次檢查和治療，他在絕望之下來到我們位於印度的學院。在這裡，他恍然明白，自己的焦慮恐懼就像故事中的蜥蜴。他不斷投射混亂的未來，害怕妻兒一旦少了他便無以為繼，害怕自己的早逝將導致他們過著悲慘的生活。他在學院度過七天，克服了偏執的死亡恐懼，他喚醒了內心和宇宙智慧的奧妙連結。宇宙智慧不再只是個概念，而是一項發現。回家之後，他察覺癌症標記全都恢復正常了。如今他在 O&O 學院擔任訓練師，幫助他人活在美好狀態之中。

另一個來自我們社群的男人，則以不同的方式經驗宇宙智慧。打從他十八年前完成學業，他便任職於聲譽卓著的汽車公司。在我們認識他的幾年前，他獲拔擢為襄理，轉調至印度帶領分公司。他痛恨這項指派，因為這代表要離開法國，偏偏他的朋友都在那裡。

在印度，他因緣際會來到我們學院。他不停地說自己多想回法國，最終，他開始認清這份執著讓他很不快樂。隨著他參與我們帶領的課程，他放下焦慮，和宇宙建立平靜的連結，請宇宙指引他前進的道路。隨後幾天，他逐漸平和地接納令人不快的職場政治，開始享受他為印度道路付出的龐大貢獻。透過這份工作，他創造無數就業機會，讓道路對駕駛更安全。他會以靈魂同步展開新的一天，當每天進入尾聲，則進入放手、和宇宙連結的美好狀態。

日復一日，點子在他寧靜無波的意識中浮現，他解決各種問題，公司規模大幅成長。突然，出乎意料地，法國提供了一個綠色能源的職缺，因為他已經成了該領域的佼佼者。宇宙智慧為他開啟了這扇門。

想要和宇宙智慧建立連結嗎？

試試以下這個練習吧。

靈魂同步練習——

和宇宙智慧連結的四個階段

階段一：放下有關渴望的任何焦慮、恐懼與絕望。（第一一八頁的平靜頭腦練習會有所幫助。）

階段二：敞開自我，覺察內心的宇宙智慧。多數人感受到的宇宙智慧是深刻的力量、安定或愛；也有些人在心中體驗到奧秘的璀璨之光，或是看見個人的守護神，也有人感受到浩瀚的臨在。

階段三：以喜悅的態度，請求你想要的事物。願望要具體清晰，像是和活生生的存在對話那樣，向宇宙提出請求。

✦**階段四：**觀想你的願望正在實現，讓心中盈滿感恩。

請記住，你不必有任何形式的信仰，也不必定期進行靜心冥想，即可進行這個練習。

你可以隨時隨地進行這個練習，或是像那位來自法國的學生，養成每晚進行的習慣。

靈魂同步練習——

晚間練習分解步驟

1. 輕輕閉上雙眼，緩緩吸氣、吐氣，有意識地呼吸。
2. 回想一個需要宇宙智慧幫助的生活遭遇，在眼前觀想具體的狀況。什麼地方讓你覺得你已山窮水盡？哪個領域讓你覺得，你已耗盡所有資源與心力，只求得到解決方法？
3. 複誦以下句子：「我放下這個渺小、有限自我的絕望，允許宇宙智慧接管我的問題。」抱持深刻的情感與真摯之心，重複三遍。
4. 輕輕地專注在你的心，以對你來說最自然的方式，讓宇宙智慧的意識拓

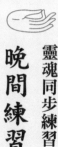

展。這個存在帶給你的感受，可能是非凡的力量、非凡的祥和、非凡的愛。你可能會看見親切而有形的奧秘形相，或是感受到無形而遼闊的臨在。

5. 讓這份經驗在你內心的空間開展，沉浸其中。

6. 喜悅地觀察這份臨在，像對一個有生命的存在那樣對它說話，請求宇宙實現你最深切的渴望。像對待全心信賴的人那樣，發自內心表達。

7. 看見你的意圖在顯化中，看見自己享受這份經驗的樣子，感受這份經驗帶來的喜樂。

有個故事能夠說明和宇宙智慧建立連結的力量。

前文提過「合一場域」的例子，克里希納吉為了實現他父母的願景，打造了這個靜心的空間。合一場域不只是座美麗的建築，更是奧秘的發電廠，許多人在此自發覺醒，喚醒超驗，和宇宙智慧建立連結。

在二〇一八年八月的世界和平節，愛情小說作家朱莉來到合一場域，當時她差點就不來了。她過得挺快樂的，也不是特別想進一步深入靈性。不過，她的好奇心勝過一切，於是安排了這趟旅程。

在合一場域的第一天，我們鼓勵她想一個深切的渴望，她想到身患慢性疾病的男友。

「我願意付出所有，只要他不再受苦。」她想：「雖然我很愛他，但若是我們的關係妨礙他得到自由，那我願意學著放手。」

朱莉抵達合一場域的隔天，她開始全身劇痛，這是她從未有過的感覺。坐著承受這份痛苦時，她倏然瞭解到，這跟男友敘述的痛楚非常相似。

她沒有選擇以前在家會採取的作法（吃止痛藥解除疼痛），而是決定與其共處。她陪男友看過多次醫生，但這是她第一次瞭解，男友承受的慢性疼痛可能是什麼感覺。

朱莉在合一場域獲得許多洞見，迫不及待想與男友分享。然而，等她回到家，整個世界出現翻天覆地的改變。

朱莉和男友之間馬上冒出各種問題，交往第一年忽視的每個問題，似乎逐一浮出水面。

兩人在「熱戀期」向彼此隱藏的諸多事情，此時全數攤在她面前。他們的關係越來越緊繃，嫌隙也日漸加深，情況一度惡劣到她無法想像兩人共同開創未來，分手看似是唯一選擇。

可是，即便在朱莉真正絕望的時刻，她也沒有忘記合一場域的經歷，沒有忘記她體驗的痛苦，她不希望任何人再次嘗到這樣的痛。她在合一場域喚醒超驗的慈悲狀態，在那個當下，她已下定決心，無論男友與她之間發生什麼，她絕不會殘酷地對待他。

但是，她又是怎麼對待自己的呢？

她回想自己在合一場域喚醒的渴望：她希望男友再也不會痛苦，就算可能失去他也在所不惜。

為什麼希望男友恢復健康的願景，要附帶會使自己痛苦的條件？為什麼她覺得必須和上天討價還價：「只要你把健康還給我男友，那我願意犧牲我所珍視的愛情？」

為什麼她對宇宙智慧的想像如此侷限？

她從小閱讀的童話故事，讓她建立根深蒂固的信念：愛情必然伴隨犧牲，愛情必然以悲劇告終，宇宙的贈禮必然伴隨相應的代價。

現在，朱莉不再覺得愛與健康非得二選一。多虧宇宙智慧的神聖祕密，她領悟到，這個宇宙會懲罰人的錯誤觀念源於數百年來的制約。如今，她明白宇宙是慈愛的，也開始想像她與男友既身體健康又永浴愛河的未來。不過，不光是朱莉的未來願景產生轉化，她也開始與自己的內在狀態、與宇宙智慧滋養深刻的關係。當負面感受出現，她不再逼迫自己「保持正向」；她不再努力當個「完美」伴侶；她的幸福不再伴隨事態可能惡化的恐懼。這不代表她從此不再害怕，然而，每當不安的感受浮現，朱莉的應對之道就是第三個神聖祕密：請求宇宙提供援助，隨後就會獲得支持，產生一陣溫暖、愛和連結感，讓她知道，無論兩人的未來遭遇任何挑戰，她都有力量面對。

很多學生就像朱莉，急於創造和諧的關係。在下一段生命旅程當中，你會學到如何喚醒愛的體驗，這種存在狀態能夠滋養你和伴侶、和所愛之人，甚至是任何人的互動。請記住，為了和宇宙建立連結而「放手」，不見得要放棄你珍愛的事物，它僅僅代表，放下對生命中問題的絕望受苦狀態，放下自認不配得到恩典的內疚，也放下被老天懲罰的恐懼。受苦狀態使我們彼此斷開連結，同樣的道理，如果試著和宇宙智慧建立連結，卻沉浸於受苦當中，也會使你遠離宇宙智慧的力量。唯有身處美好狀態，你才能真正獲得源頭的祝福。記住，每個神聖祕密都是相互關聯的，想要開創不凡的命運，就必須精通所有祕密。

第三段生命旅程：成為真摯的伴侶

——普瑞塔吉⊙撰

大部分的人都想找到真命天子或天女，渴望陪伴或愛情是再尋常不過的一件事。

但是，多少人真正瞭解愛的意義？

如果生活在愛與連結的美好狀態，不僅會吸引到對的人，還能維繫關係一生。若是沒有喚醒愛，即便是對的人，也會因為時間流逝而變成錯的人。用不著進入親密關係，就能瞭解這份洞見。我們可以觀察，在過去或當下的關係裡，自己真實的內在狀態是什麼樣子，避免重演相同的受限或痛苦經歷。

接下來，我們將探索一種愛的狀態，這種狀態具備崇高的潛能，足以轉化每一段關係。

人生摯愛

有誰不希望遇見這樣的人：在他面前，我們能夠卸下全副武裝？有誰不曾夢想擁有這樣的關係：相處時，我們不需要扮演特定的樣子，只需要享受在一起的快樂，以及對彼此的深切愛戀？有誰不曾渴望讓靈魂歌唱的愛情？

會產生這樣的愛，不是因為兩個人擁有相同的品味、熱情或興趣，而是因為兩個人已然喚醒美好的連結狀態。

什麼是連結？

九歲時，我發現別人體驗生命的方式與我不同，令我大為震驚。打從我有記憶開始，我總是能夠感覺到父母、姐姐的感受，甚至是老師和朋友的感受。

這不代表我知道他們在想什麼，但我能夠體驗他們的感覺，彷彿彼此之間沒有任何隔閡，所以我會從如此的一份理解來回應他們。在我九歲前，我一直以為大家都是這樣。

從以前到現在，保持連結始終是我天生的存在狀態，有些人也報以真摯的連結。不過，讓我先談談我母親和克里希納吉的故事。

我的童年頗為快樂、有安全感，父母非常照顧姐姐和我。我常常開玩笑說，我的童年只有一個不滿，就是我覺得母親比較愛姐姐，但我也覺得父親比較愛我，所以扯平！

母親為我們付出許多，確保我們接受最佳教育，讓我們在良好的文化成長，撫育我們、餵養我們，從未傷害我們。在我認識克里希納吉以前，對於愛，我最深刻的經驗就是來自母親。

和克里希納吉結婚後，我對連結的認識和體驗變得更加開闊。他不但關心我的需要，更瞭解我的內在。這麼說好了，他就像我母親一樣關心我、滋養我、扶持我，但也帶來新的體驗：他在乎我的感受。

在我悲傷或壓力大時，他從不躲避，而是關心我為什麼不快樂，協助我走出來。在我開心時，他不會和我產生隔閡，而是像自己開心一樣慶祝。

愛你快樂的樣子是一回事，連你惱火時也能一概接納，不加評判，這又是另一回事。克里希納吉偶爾也會生我的氣，但他很快就能理解我的感受。這是克里希納吉送給我最珍貴的禮物。

如今我們已結婚二十二年，這麼多年來他始終如一。在他身邊，我總是恬淡安寧、輕鬆自如，因為他從不會期待我扮演特定的樣子，他不認為我在他面前該有什麼行為舉止。這種舒適和連結，也自然而然從我身上散發，回到克里希納吉和女兒身上。

我敢說，這種充滿愛的連結與體貼瀰漫在整個學院，成為自然的文化。多數學生都在這裡體會到家庭的真諦，表示他們覺得十分自在；其實，導師對學生內心存在狀態的關懷，打開了許多人的心，讓他們擁抱活出美好人生的可能性。

這樣相互分享、沒有任何期待的連結狀態，能為生活注入生命力。這份靜默的力量，幫助我們度過最迫切的挑戰，加以克服。只要與自己、過去、當下和平共處，人人都可以達到連結的美好狀態。

那麼，該如何喚醒？

我們有能力擺脫自我執迷的箝制，以美好狀態過生活，也非這麼做不可。親密關係的綻放盛開，必須倆人共同投入，促成彼此的進化。唯有徹底擁抱自己，才能真正接納別人，也感受到別人的接納；唯有擺脫對過去的羞愧，才能自在與別人相處；唯有與當下和解，才能感受到別人的尊重；唯有感到完滿，才能全然地為對方臨在，並且以自然的態度和愛意回應；唯有處於這樣的狀態，身為父母的你，才能引導孩子活出美好人生。

拆解童話

你大概很熟悉《青蛙王子》這則格林童話，迪士尼曾將其改編為動畫，請來歐普拉配音，詩人安．賽克斯頓（Anne Sexton）曾以這個童話為題寫詩，神話學家喬瑟夫．坎伯（Joseph Campbell）也探討過童話中豐富的象徵。

孤單的公主不小心把金球拋入汨汨泉水，一隻會說話的青蛙答應替她找回金球，條件是公主要陪伴青蛙。公主不喜歡這個黏答答的朋友，直到青蛙化身為王子。在現實世界，我們看似與王子公主墜入愛河，卻往往驚恐地看著他們退化成粗魯惱人的動物，不但把泥巴踩得屋裡到處都是，而且還聽不懂我們在講什麼！

很多人都嘗過剛交往的新鮮感，不過現實遲早會降臨，讓我們看清伴侶真實的面貌。我們就像用黏土捏人偶的小孩，一旦樂趣消退，便摧毀這段關係，再度展開追尋之旅，堅信下個人就會是靈魂伴侶。

這是怎麼回事？為什麼我們原本愛得無法自拔的人，竟一朝變得缺乏體貼、煩人或無聊？為何最初看似能開花結果的愛情，竟在怨懟之中枯萎？我們對愛情的夢想，為何成了迫不及待想要清醒、逃離的夢魘？

我們告訴自己，關係遇到障礙的原因很明顯：問題一定在對方身上，不是我！假如對方更在乎我一點、更有責任一點、更浪漫一點，這段關係就能維繫了。

我們的慣性思考方式不就是這樣嗎？該是拆解人生童話故事的時候了。讓我們拋開舊有的思維模式，探索更深層的真相。

以下這個故事的主角是學院的學生，她考慮要與男友分手。

慕恩度過特別忙碌的一週，令她心浮氣躁，除了要教瑜珈課，還要處理許多私人事務，下週也得不到喘息。她氣惱焦躁，在幾乎全空的馬路上催動油門，沒想到一輛車高速開來，她反應不夠快，為了避免相撞連忙轉彎，結果衝上安全島。

幸虧氣囊開啟，她才沒有受傷。由於她多年的瑜珈訓練，她的身體並未受到太多衝擊。然而車子嚴重損傷，慌亂中，慕恩前往距離最近的警察局，通報這樁意外。她不想把父母的聯絡方式給警察，免得又被教訓應該注意行車安全。

就在她絞盡腦汁想朋友的名字時，背後突然傳來男友熟悉的聲音。她不可置信，又鬆了一口氣，轉過身，只見男友滿臉生氣責怪地看著她，說他在拜訪客戶時經過這條路，竟然在路邊看到慕恩撞爛的車。

他開始責備慕恩粗心大意、心不在焉，還有各式各樣的缺點，就連他在處理警察局的所有手續時，依舊說個沒完沒了。

慕恩又氣又無助，不禁哭了，對他的遲鈍和挑剔十分受傷。她坐在警察局的椅子上，心想：如果在我需要的時候，他沒辦法瞭解我的心情，這樣的愛有什麼意義？我要怎麼跟這種人共度一生？他不是我的理想對象。

她漸漸覺得，在她看來，這個人根本不曉得何謂關心，她不想跟這樣的人共同生活。她含淚坐在角落考慮提分手，這時，她忽然靈光一閃。幾個月前，她參與學院課程，當時百思不得其解的一句話，此時在腦海浮現。

受苦狀態起因於自我執迷。

她彷彿身處正在下沉的船，終於找出漏水的地方。她停止怪罪男友，開始觀察自己的自我執迷思維。她發現了第二個神聖祕密：內在真相的力量。

慕恩對男友解圍的方式挑三揀四，沒有察覺男友當下伸出援手，只在乎自己的標準，甚至在對方幫助身處受苦狀態的她時，考慮切斷與他的關係。她對自己的想法震驚不已，處於憤怒與失望中的自己竟如此愚昧。至於連結，他們此刻根本毫無連結可言。

慕恩閉上眼，試著和男友連結，感受他的情緒。在這個狀況，男友和她一樣備感壓力，擔心她本來可能會出事。慕恩恍然明白，兩人體驗到同樣的焦慮，只不過表達方式不同，她的反應是哭，男友的反應則是責備。瞭解男友的感受時，她也跨越男友的外在表現，感覺到他對自己的保護欲。她感覺到男友的感受，這是種彼此合一的經驗。

她睜開眼，看見男友與警察握手。男友面帶微笑走向她，她噙著淚水凝視對方的眼睛，內心明瞭，內在真相令她敞開心，體驗連結，往後的人生將一天比一天美好。

請在此暫停。緩緩深呼吸，放鬆下來，回想你人生中可能體驗到連結的時刻，那些感覺到他人的內在狀態、或是你認為他人與你感同身受的時刻。

這種連結體驗，未必發生在親密關係當中。花點時間，沉浸於那份體驗。如果你想不出這樣的回憶，不用擔心，記憶終將回歸。任何人都經歷過連結時刻，連結對象可以是所愛之人、陌生人、寵物，也可能是自然。

大家經常問，為什麼感情中最初的吸引力會消褪。也許，由於大自然只重視物種繁衍，所以我們的神經化學構造只能維持短暫的吸引力和著迷，在那之後，內在狀態的演化必須取而代之。

關係之所以告終，不是因為吸引力消失，而是因為我們習慣了自我執迷的意識，容易導致連結斷裂。想讓關係超越吸引力，昇華為恆久的愛與連結，唯有讓意識從分離轉化為連結。當我們脫離慣性的自我關注，才能喚醒「利他」的意識力量。對我們而言，他人不再是陌生人，因為我們開始感覺到對方的感受，內心油然生出一種回應：愛。

我們在追尋什麼？

在對我們來說最重要的關係中，我們追尋的是什麼？撫慰？接納？樂趣？這個問題有很多種答案，不過就最基本的層面而言，腦、心、身體渴望的唯一經驗，就是連結的美好狀態。連結是我們的腦部賴以維生的妙藥，愛與連結的美好狀態能夠滋養靈魂，少了這些狀態，人生將會枯寂。

少了愛，我們猶如沙漠旅人，追逐美好人生的海市蜃樓。如果未喚醒連結的美好狀態，就無法體驗持久的愛。是啊，剛開始，新朋友乍看十全十美，這個人想必會滋養我們，會看見我們的特別之處，會讓我們的人生再次絢爛。

可是，新戀情最初的刺激往往掩蓋了警訊，使我們渾然不覺自己將過去的受苦狀態帶入了新關係。一旦蜜月期的魔力消褪，總有一天，新伴侶無意間的行為舉止會撕開我們的痂，令所有傷痛再度湧出。痛苦迅速淹沒我們，開啟新一輪心碎的循環。

更糟的是，每經歷一次心碎，我們便越來越難付出信任、卸下防備。我們開始質疑自己的選擇，接著開始質疑自己。我們或許戴著自給自足、獨立自主的面具，然而在無數勇敢的外表之下，藏著深深受傷的人，再也不願敞開自我，以免又一次承受這樣的痛苦。

當然，我們都只是盡力經營複雜關係的平凡人，沒人會因為我們的傷痛與失望怪罪我們。

但是，倘若我們背負一段關係的心碎狀態，進入下一段關係，將會面臨無法預料的奇怪問題。倘若無法從過往關係中的傷痛得到自由，有可能重演相同的模式，製造更多煩憂與挑戰。某些行為或事件觸動痛苦的回憶，將我們扯進極為危險、毀滅性的漩渦。

兩種基礎

一間跨國企業的執行長曾問：「我經常出差，該怎麼經營和伴侶漸行漸遠的感情？」

如果單純更改行程、重新安排休假時間，是否有辦法跨越兩人之間日漸增加的距離？還是，關鍵在於更深層的東西？

你是否曾誠心自問，自己為何進入每一段感情？找到兩人在一起的靈性願景時，也將為這段關係的多數問題找到解答。你會知道確切該分開多久，該相處多久；你會知道兩人該如何攜手生活；你們會一同找出克服潛在問題的智慧，建立長長久久的關係。

暫停。

花點時間，思考當下或過去的一段關係。可以是你和配偶或伴侶的關係，和子女或父母的關係，也可以是和朋友或同事的關係，任何你真正重視的關係都可以。

問自己：為什麼我和這個人建立關係？這段關係的基礎是什麼？這段關係擁有什麼樣的根基？這個根基是美貌、享樂、財富、地位或幽默感這些稍縱即逝的膚淺事物，還是更深刻的東西？我維持這段關係，是因為我害怕寂寞、迫切渴望安全感或接納，還是因為我們建立了豐沛的連結感？

不要評判自己，單純觀察這段關係的基礎即可。

假如關係只以外在因素為基礎，肯定脆弱不堪，稍有變動就會使關係崩毀。每當面臨挑戰，我們的心便會動搖，開始懷疑自己為何選擇這個伴侶。由於缺乏滋養靈魂的美好連結狀態，我們覺得自己只是在伴侶身上虛擲美貌、青春、財富或歲月。

就算是物質生活從不缺乏的人，也可能在關係中體驗到內在匱乏。這種關係無法令人安歇，也缺少深刻的感受。你會持續衡量對方，也感覺自己隨時受到衡量；一旦情勢有任何改變，激情便迅即枯萎，或是在遇見更符合理想的下個人時，便倏忽轉移愛情。身處這種關係的人，大部分都不斷測試感情。

這是否代表，我們不應享受財富與美貌、不應享樂？不是。然而，倘若這些事物變成關係的基礎，又未能昇華為更美好的感情，我們註定不會幸福。

有時候，我們之所以會展開新關係，是我們緊抓著上一段關係的傷痛不放，或是由於我們孤單無聊。關係的新鮮感或許能暫時壓制寂寞和痛苦，但相同的存在狀態終究會浮現在新關係中。因為，展開一段新關係無法終結不快樂，你必須以分享自身的圓滿來進入關係。

請再暫停一次。想想你人生中關心、深愛的一個人。在內心喚起這個人的樣貌，深呼吸幾次。閉上眼，維持不動幾秒鐘，感受心裡浮現的任何情緒，無論是連結、興奮、和平、喜悅的美好狀態，抑或是寂寞、受傷、乏味、冷漠的壓力狀態。當你辨識出內在狀態，請平靜地微笑。

前面曾分享第一項神聖祕密：靈性願景。這個祕密不限一人使用，倘若關係能奠基於這種穩固的基礎，將會更加茁壯。

唯有雙方對彼此的內在存在狀態抱持相同願景，這段關係才能度過失望、承受挑戰，變得枝繁葉茂。靈性願景的智慧已挽回無數婚姻與友情，療癒過眾多父母和子女的心，在許多企業組織建立真正的合作文化。

假如關係並非奠基於靈性願景，兩種陰影將不知不覺襲向我們，製造分離與隔閡，分別是傷痛陰影和沉寂陰影。

讓我們破解這兩種陰影的陷阱，迎向靈性願景的光明，繼續在通往真實、自由、連結的旅程上前行。

傷痛陰影

有個古老的印度寓言，說明傷痛對人生造成多大的負面影響。

從前從前，四名好友穿越森林，他們分別精通不同領域的學問。不久，四人碰見一堆骸骨。

第一個人對其他人說：「看哪，運用我的學識，能把這些骨頭重組成一具骷髏。」

第二個人說：「等等，我們可不知道會變出什麼。」

第一個人不聽勸。果不其然，他將骸骨重組成一具動物骨架。

第三個人說：「看哪，運用我的學識，能使這些骨頭長出血肉。」

第二個人再次說道：「等等，我們可不知道會變出什麼。」

可是第三個人不聽勸。不出幾分鐘，骨架就成了巨獅的肉身。

現在輪到第四個人了，他說：「看哪，運用我的學識，能令獅子起死回生。」

第二個人再次試著阻止第四個人，可是對方不聽他的話。

於是第二個人爬上高聳的樹木，以求自保。第四個人令獅子起死回生的剎那，猛獅一躍而起，不到一分鐘，便殺盡三個知識淵博的傻瓜！

傷痛就是這樣逐步進展，演變成毀滅性的內在分離狀態。每一次受傷，我們都沒辦法停下來將其消融，最終，騷亂的內在狀態反噬了我們自身和關係。

有多少次，你正與所愛之人享受夜晚，卻憑空冒出惡劣的情緒？也或許，你很清楚自己為什麼不開心，是因為伴侶又明知故犯，做了那件令你抓狂的事：

他又給太多小費了……
她又太晚下班了……
他讓女兒玩那個糟糕的電動……
她在床上玩社交軟體……

不管你的惱怒是因何而起，假如你發現無法與伴侶建立連結，代表背後有更深層的原因：

自我執迷阻礙了連結。

會與所愛之人爭執，導火線可能是小小的意見分歧或誤會。不過，除非我們將注意力帶到內在狀態上，否則小傷也可能激化為痛苦、偏執的情緒，使我們無法建立連結。

斷連的三個階段

斷連就像外來入侵植物的根，我們眼前只看到無害的小花苞或樹葉，殊不知它的根部極其強壯、盤根錯節，足以令整座花園枯萎而死。

✦ 階段一：受傷

多數傷口剛開始都很小：伴侶說出不必要的批評，你覺得自己的意見不受尊重，你的努力不受認可。但是，如果不停下來以被動的方式觀察，傷口可能惡化至下個階段。

當你的心進入抱怨模式（「她太不體貼了！」「他講話怎麼這麼尖酸！」），請留意，你已經踏上傷痛之路。

多數人對這些傷痛都有基本的瞭解，卻很少人學到如何從中獲得自由，所以一旦受傷，我們都不曉得該怎麼做，要不是沈溺在受苦狀態，就是予以忽略。但無論我們把心碎與悲傷藏匿得有多深都沒關係。

一定要暫停、觀察。

階段二：批判

如果不停下來消融受傷狀態，它將會進入斷連的下個階段：批判。

現在，你開始對所愛之人產生定見，以批判的眼光看待對方。

我的伴侶容易發怒。她根本沒有所謂的價值觀。

我的伴侶很傻、沒有能力、不負責任。他膽小得要命，永遠不可能改變。

你把眼前這個具有多重面向的人，縮減成一張標籤。在這個階段，我們往往聚焦於彼此的差異性，而且特別容易執著於和愛有關的框架。舉例而言，我們會想，自己比伴侶浪漫、有魅力多了，我們的家人更有禮貌、更願意付出，我們為這段關係努力比較多……永遠沒完沒了。我們暗自試著證明，自己跟對方不一樣，自己比較優越。

如果我們的內在陷入比較，怎麼可能建立連結呢？

當我們變得充滿批判，事態便進一步惡化。伴侶批判時，將會停止傾聽，也不再給予尊重。你本來覺得可愛或迷人之處（他們做的傻事、唱的荒唐歌曲、替你取的綽號），如今都令你煩躁。有時，批判的內在狀態會以各種形式流露於外，諸如淡漠的表達方式和決定，這些都會傷害彼此的自尊和自信，導致雙方更加心痛、失望、孤單。

如此一來，傷痛陰影便愈發晦暗、強大。

階段三：反感

最初的傷口很容易製造批判的氛圍，對斷連的第三階段「反感」而言，這是再適合不過的溫床。

在這個階段，光是和伴侶共處一室，都讓你煩躁不堪。你無法忍受對方的態度、舉止和行動。

處於這個狀態，你的腦部化學已大幅改變，只能以負面角度看待伴侶，而且這種負面態度似乎日益增強。你看不到任何一點好，和對方有關的經驗都徹底扭曲，完全失去了對伴侶的尊重。

在這個階段，光是想到你屬於對方都令你痛苦。你的決定和行為已經不只是缺乏體貼，而是刻意要傷害對方。

在這個階段，還能怎麼辦？

如果你像大多數人一樣，大概會有這樣的反應：

我受傷了，我失望了，我覺得自己沒有價值，我好寂寞。是來杯手沖拉花咖啡、雙份調酒、一塊巧克力布朗尼的時候了！

像這樣靠提升多巴胺來逃避，可能會暫時讓你好過些，但是怨懟之心依舊會回來。如果不處理內心的失望和渴望、憤怒和焦慮，那麼你也感受不到快樂、感激和連結。你忙於對抗心碎狀態，根本沒力氣迎接愛的美好狀態。

到了這時，即便展開最浪漫的假期，孤獨的痛苦狀態依然會持續，傷痛陰影掩蓋了愛意。我們要不是遲遲無法割捨這段關係，就是開始尋找新伴侶。我們往往已經不抱希望和信任，覺得不可能體驗恆久的愛情，於是改而建立隨性、輕佻的關係。但與此同時，我們的內在始終空虛得痛苦，無意識地渴求真摯的感情。

根據我們的經驗，瞭解斷連階段可以幫助你覺察內在狀態，以免你無法從反感之路回頭。請記住，不管在哪個階段，你永遠有能力選擇建立連結。

若想生活在與彼此的連結中，最重要的祕訣是放下受傷狀態的能力與智慧。就算是最美好的關係，也難免有失望的時候。無論起因是什麼，如果想活出連結、愛情長久的圓滿人生，懂得消融傷痛是必要的。

在印度鄉村，粗野調皮的猴子會從家家戶戶偷東西，為了抓到猴子，村民有個簡單卻聰明的法門。他們會在小樹洞放置香氣濃郁、美味多汁的點心，興奮的猴子把手擠進小洞，可是開口太小，沒辦法讓猴子抽出緊握著點心的拳頭。由於猴子太想要點心，不願放手，抓猴人就會趁此時將牠逮住，放回遠離村莊的叢林。

抓住傷痛和失望不放的感覺就是如此。不管有多少正當的理由讓我們牢牢抓住受苦狀態，都必須自問：是抓住傷痛比較重要，還是滋養關係比較重要？

沉寂陰影

一對來自東方的情侶前來 O&O 學院，學院的人員等著接待他們，兩人卻遲遲沒有抵達。終於，學院人員接到電話，說他們還在從機場開往學院的計程車上，兩人在車上爆發歷來最嚴重的爭吵。

他們對彼此咆哮，一個暴怒，一個哭泣，後來決定回家。學院老師冷靜傾聽，提出建議：既然他們懷著找回愛的心願啟程，那麼不如再試最後一次。於是他們繼續旅程，抵達學院。

兩人的關係是這樣的：麗詩時時刻刻渴求葛雷的愛，覺得飽受忽視，深感受傷。另一方面，葛雷對這段關係則心存懷疑，過去幾個月來，他翻來覆去執著於這樣的念頭：也許他不是麗詩的真命天子、也許他不夠強悍，他內心並不滿足。

葛雷的事業正面臨緊要關頭，持續虧損的壓力使他體重上升，掉頭髮掉得厲害。他在各方面都自覺不如人，無論是外在、事業，抑或是沒有能力去愛這點。

葛雷和麗詩參與課程的第四天，他們大幅冷靜下來，能夠觀察自己的內在真相。葛雷醒悟，真正的問題不是麗詩。他清楚察覺，他真正對抗的對象其實是自己，由於他滿腦子都是自己的問題，所以沒辦法好好陪伴麗詩。他想通，自己沉浸在絕望、自卑的受苦狀態，正是這個狀態使兩人產生鴻溝。

葛雷跟隨克里希納吉和我進行無限場域靜心時，喚醒圓滿狀態，意識中盈滿了宇宙智慧的力量。隨著奧妙的體驗在他體內甦醒，他確信人生將變得美好，一切將否極泰來。在那個廣闊的空間，他不再受到自我掙扎的束縛，真正看見麗詩的美，彷彿長久以來初次看見她。

另一方面，麗詩在課程中恍然明白自己的斷連，其實她並不瞭解如何去愛。打從她的青少年時期，她一直以為愛就是瘋狂的索求。在課程中，她沒有抗拒自我執迷的真相，深深的謙卑感在意識中出現，她原諒自己加諸自身和對方的痛苦。

課程結束後，葛雷和麗詩建立了浪漫真摯的感情，此後，兩人彼此相惜，繼續維持這段關係。

我們或許不像葛雷和麗詩那樣被傷痛陰影籠罩，但如果不是處於連結的美好狀態，關係依然會空虛不已。為什麼我們得不到渴望的滿足？

有時候，伴侶之間甚至沒有出現問題。生活本身就夠艱難，何況還有各種人生挑戰，包括財務、健康、家庭的壓力……我們難以承受這些問題，陷入擔憂、氣惱、焦慮的黯淡狀態，困在受苦狀態的我們奮力解決問題，但大部分的問題並不存在，它只是憑空想像，或是有所誇大。我們變得易於動怒，開始執行自我防衛的任務。如此一來，我們便無法用能夠創造幸福快樂的方式，處理實際狀況。

內在狀態令我們疲憊無力，感官經驗變得乏味，心靈老化而缺乏活力。見到對方，再也無法讓我們興奮開心，關係就此陷入沉寂。或許，這個情況多少會使你感到安心、撫慰，卻缺乏內在的豐富體驗。我們充滿占有欲地緊抓對方不放，原因不是我們樂於和對方相處，而是害怕離開對方。

這讓我們想起一則古老的中國故事。有個男人害怕自己的影子，甚至會被自己的腳步聲嚇到。

有天，他走在路上，雲朵散開，太陽照出長長的影子。他慌亂起來，為了逃離影子拔腿狂奔，但無論跑得再快，依舊逃不了自己的影子和腳步聲。他不停地跑，最終力竭而亡。

如果這個人停下來，坐在樹蔭底下，腳步聲自然會停止，影子也就消失了。

每當我們發現第二道陰影（沉寂陰影）籠罩自身，總會試著逃開，上健身房，追逐娛樂，變成工作狂、酒鬼、購物狂，甚至是話說個不停的說話狂，好逃離生活中的失落。

有時候，為了逃離令人不安的內在空虛，我們會投入能立即產生多巴胺快感的關係。倘若我們停下來觀察陰影而非逃離，就能踏入光亮，進入連結的美好狀態。

請在此暫停，仔細思考以下這個問題。假如你的人生是電影，這部電影此刻的重心在哪裡？在你身上嗎？你是否認為，電影中的每個角色都應該襯托你？或者，你認為自己應該襯托其他每個人物，讓這部電影變得更豐富呢？

自我執迷的迷宮

如果我們習慣被自我佔據的存在狀態，頭腦很容易飄向過去或未來，徹底迷失於半小時前、一年前、十年前的回憶，或是迷失於可能發生、憑空想像的痛苦未來。

在流傳已久的克里特神話中，奴隸會被丟進無法逃脫的迷宮，迷宮中心是牛頭人身的龐然怪獸米諾陶，最後奴隸都會被米諾陶給吃掉。

倘若我們習慣活在過去或未來，就像是走進沒有終點的迷宮，最終被焦慮、懊悔的受苦狀態給吞噬。

我們變得心懷憤恨，無法彼此陪伴，迷失在曾經擁有或理想的關係。

為了擺脫失望，我們迫切尋求刺激與快感，然而追求享樂的頭腦也容易感到乏味，永遠在尋找更多、更新的體驗。

傷痛和沉寂狀態都是自我執迷，在這兩種狀態，你只關心自己。兩者皆是斷連狀態，對你而言，別人甚至不存在。

閱讀這段生命旅程，可能會迫使你認清，生命中最重要的關係暗藏不舒服的真相。很多踏上這場旅程的人會驚訝地發覺，自己的伴侶關係缺乏穩固的根基；其他人則害怕，儘管曾與伴侶建立深刻的連結，如今雙方形同陌路，再也無法導回正軌。

他們會問，如果關係奠基於淺薄的基礎，還能挽救嗎？有辦法更深刻地連結嗎？要是已經和伴侶培養深刻的靈性連結，該如何維持火苗不滅？

靈性願景之光

如何走出痛苦的內在寒冬？

如果只是去應付受苦，隱忍在關係中感受到的乏味，或從傷痛和不安試著轉移注意力，都無法讓你走出來。

該如何找到連結，從反覆重演的這兩種夢魘清醒？答案是，在這段關係中運用靈性願景的力量。

暫時回頭談談第一個神聖祕密。在建立連結時，靈性願景能發揮強大力量。人們可以對事業、職涯、健康抱持靈性願景，請記住，我們對「靈性願景」的定義是：與內在狀態有關的願景，它能夠影響我們的每個行為、我們創造的一切。

不妨思索以下問題：你希望只當個尋常的伴侶、朋友或領袖，還是喜悅、滿足的伴侶、朋友或領袖？

這是非常嚴肅的問題，而且極為重要。因為，少了這個靈性願景，不管做什麼事都將產生壓力，就算是最理想的關係、最了不起的成就，都無法令你快樂。

在此重述，任何人都只生活在兩種存在狀態，壓力狀態或美好狀態。記住，只要你並非處於美好狀態，壓力就是你的預設狀態。

對於一段關係，你所能做的最重大決定，不在於去哪裡慶祝一週年或二十五週年紀念日、邀誰參加、那天要做些什麼，更要緊的問題是：那天、在那之前的每天、在那之後的每天，你想要以什麼狀態與對方相處？

你覺得活在斷連狀態也無所謂嗎？還是你認為生活在愛、喜悅、慈悲、和彼此感恩的美好狀態是首要的？你是否對自己所付出的那份愛懷抱願景？在每一天的共處中，你是否懷抱願景，為對方的生命帶來喜悅？

你是否知道，身為伴侶是重要的，但自己是一位什麼樣的伴侶也同等重要？你是否能夠付出努力，不光是當個伴侶，更要當個充滿愛、彼此連結、快樂的伴侶？

擁有靈性願景，是為了活在美好狀態，和生命中重要之人的內在狀態連結。如果想開始建立靈性願景，只要自問：

我想活在什麼狀態？

我希望所愛之人活在什麼狀態？

我如何影響所愛之人的內在狀態，使其更加美好？

越勇敢、誠實面對這些問題，就越難找到正當的理由，放任自己活在傷痛、批判、反感的受苦狀態，無論是一小時、一天、一年或十年，斷連的生活也變得不可容忍。假如你覺得這根本不可能，我們向你保證，這絕對辦得到。只要全心努力以連結的美好狀態活著，沉寂與隔閡都將消失，人生將恢復活力。

只不過，這往往需要我們重新省思自己對愛和連結的定義。現代社會對於連結的理解具有根本上的缺陷，文化也加劇了這樣的誤解，導致許多人渴求自己其實從未體驗過的事物。

連結的美好狀態不代表要偏執地達成他人的期待，不代表非要培養將他人置於優先的美德，也不代表要為了獲得而刻意給予。連結既非犧牲，亦非策略，只是一種存在狀態。

奠基於連結的關係，不代表再也不會意見分歧，不代表你和伴侶再也不會感到沮喪、害怕、孤單或憤怒。

它代表的是，你能在分離狀態出現時加以化解，連結狀態將在你內心油然而生。

在連結的美好狀態，與人產生共鳴是種快樂，生活本身則是快樂的體驗。

如果我們邀請這樣的愛進入生命，就再也不會覺得與他人產生隔閡。是，我們都是不同個體，但我們同樣深深相繫，對方的痛苦會影響你，對方的喜悅令你歡喜，你們以快樂和全然的臨在，點燃彼此的心。

在此也提醒你，愛與連結並非只存在於愛情。和朋友、孩子、孫兒、客戶、甚至素不相識的陌生人，都能體驗這樣的美好狀態。

一次，桑尼爾來到學院，參與克里希納吉開設的個人指導課程。來到此地之後不久，他告訴我們：「我是充滿愛的人，也是充滿愛的兒子，我爸媽甚至就住在隔壁。」

然而，深入探索以後，他意識到儘管自己會做負責、照顧人的行為，存在狀態卻是斷連的。他連聽父親說十分鐘的話都受不了，會覺得很煩躁。

桑尼爾在青少年時期決定退學，去孟買工作。父親震驚不已，逼他留在學校念書，最後終究讓步，條件是桑尼爾每個月要寄一半的薪水回家。

桑尼爾在孟買的日子苦不堪言，遇到許多不客氣的對待，完全沒辦法習慣這樣的環境。他打電話給父親，劈頭就說：「我想回家。」但他父親堅持要他留下。接下來半年，桑尼爾每週都打電話，哀求著要回家。終於，他滿心忿恨地認清父親不肯幫忙，於是停止哀求，不過依然繼續寄錢回家。

桑尼爾二十一歲生日時，父親交給他一張支票，解釋道：「這些年來，我把你寄回家的錢都拿去投資了。」

桑尼爾接過支票，往桌上一扔，說：「不需要，我可以再賺十倍。」

此後，桑尼爾始終沒有忘記那份痛苦，彷彿父母在他需要時拋棄了他。由於這個傷痛狀態，他執迷於讓父親看看他有多成功，決定負擔父母的開銷，好讓他們知道「我不是壞人」。

後來，他愛上一名女子，結為夫妻，但他仍用「贏得勝利」的眼光看待這一切。他妻子對他很有耐心，直到有了女兒。

「你該收心了，」她說：「我需要你留在家幫忙陪伴女兒。」

桑尼爾覺得妻子只是想控制他，於是拒絕，兩人最終離婚，分居在不同地區。從那時開始，他嘗試盡到身為父親的義務，每隔幾個月，便在女兒來訪時與她見面，但也僅止於此——他只把這當成義務。

之後，他對自身的關係產生了更大的體悟。

作為課程的一部分，桑尼爾進行奧妙的無限場域靜心，結束靜心後，他在深沉的平靜狀態當中，看見一隻螃蟹奔過步道。

他的內心和腦部頓時迸發慈悲心與愛，感受到深深的親切，對樹木、海洋裡的魚、花園中歡笑的孩童產生歸屬感和關懷。他的心已喚醒，認識了愛。

他心想：我的天，原來這就是愛！原來這就是擁有感情、付出愛。

這個狀態令他轉化。過了幾天，這次經驗的強度漸漸消退，但他已經從此改變。他決定要撥一部分時間，去八歲女兒和她母親所待的城市居住，這樣女兒每個月都能和他相聚一週。

他們共度的第一天，女兒對他說話的態度十分遲疑，就像以往一樣。

不過，這次他知道如何建立連結。他開始詢問女兒有什麼感覺，這時愛的狀態充滿了他，女兒也受他的愛感染。

他向我們描述這段蛻變的關係：「我胸口有點痠痛，因為每次我接她放學，她大老遠看見我就會衝過來，跳到我身上。」

他還找到一位美麗的伴侶，這名女子覺得認識他是人生一大幸事。他除了關心每季業績，也努力提升員工的幸福感。

桑尼爾的故事可謂經典案例，他在愛中覺醒，變得有能力愛任何人。追尋真相之旅需要強大的勇氣與熱情，不適合缺乏誠意、想要馬上獲得快感的戀人，而是適合追求意識轉化的人。

值得注意的是，不是每個踏上旅程的人都決定留在當下的關係中。的確，活在美好狀態會對你身邊的人產生深遠的影響，關係會自然而然變得更和諧、喜悅，你會吸引善良、充滿愛的人進入生命。

不過，面對內在真相也幫助許多人明白，他們已經與伴侶日漸遠離，也接納這個事實。身處美好狀態，並不是要留在不快樂或危險的處境，而是要培養內在靜定，使你能夠懷著愛與連結做決定。

假如上述這些話令你卻步，請記住：無論是誰，只要勇於追尋第二個神聖祕密，踏上面對內在真相的旅程，都能夠進入充滿愛與連結的境界。

請在此暫停，將注意力轉向內心。想像自己將呼吸傳至心中，在這個狀態呼吸一段時間。請花點時間獨處，獨自坐著，或獨自散步。靜靜沈思，內在不再有情緒傷痛時，會是什麼感覺。

想像自己凝視伴侶的雙眼，彷彿初次見到這雙眼睛，那會是什麼感覺。

想像你不再迷失於煩惱，每天早晨帶著微笑醒來，陪伴你身邊的人，會有什麼感受。讓這份以美好狀態生活的熱情在你心中扎根。

生而為人的本質

你是否曾疑惑，身為人類的意義是什麼？難道只是為了汲汲於生存，滿足野心，生兒育女，年華老去，然後就此離世？

真正活著代表了什麼？我們有潛力體驗超凡的意識狀態，感受與他人的連結，與萬事萬物連結，為生命的進程感到讚嘆、敬畏。

這就是人類意識的潛能：建立連結、付出愛、彼此合一，體驗無邊無際的愛，體驗全然合一的狀態。這就是人類的生命、大腦、肉體的潛能和使命。

有連結感的生活，代表要走出自我沉迷，進入連結。這是最真實的轉化，唯有此時，你才是確確實實地活著。在他人悲傷或喜悅之際，你的臨在將是你所能給予最滋養的禮物。

當你感受著伴侶，而對方也體會到了這一點，你們之間的關係將開始療癒，即使過去曾傷害對方。在連結的美好狀態下，距離將會消失。當你真正為子女、朋友、父母、手足而臨在，家庭將會真正建立連結。

如果你為共事的人懷抱靈性願景，你會覺得與他們合為一體。既不會利用對方，也不會害怕受到利用；既不會渴望掌控，也不會害怕遭到掌控；既不會傳播流言蜚語，也不會彼此疏遠；你將感到安適自在。你能感受他們的焦慮、慾望、挫折和獲得接納的需求。在這個連結的美好狀態，將產生相互扶持和合作的新文化。

擁有靈性願景時，你將對地球產生嶄新的連結感。地球不只是你踩在腳下的泥土，而是你的一部分，你也是地球的一部分。你將對任何形式的生命產生慈悲之心，這份靈性願景會改變你的思考方式、與人連結的方式、採取行動的方式。這確實是美好的人生。

靈魂同步練習——

成為真摯的伴侶

以下是靈魂同步練習的另一種應用方法，可以幫助你迎接愛的狀態進入生命。你可能會希望向宇宙提出請求，或是設定意圖：要建立穩固、充滿愛的關係。

你也可以和伴侶一同進行練習，設定意圖：每天早上都要彼此連結，好開啟新的一天，或是每天睡前都要建立連結。

接下來，請遵循頁六十一的步驟一到五。

一、八次有意識的呼吸

二、八次有意識的呼吸，並在吐氣時發出嗡鳴聲

三、八次有意識的呼吸，觀察吸氣與吐氣之間的停頓

四、八次有意識的呼吸，一面默念「Ah-hum」或「我是」

五、八次有意識的呼吸，想像身體擴展進入光

這次，到了步驟六，感受你的心喚醒了連結的美好狀態，你可以感覺到所愛之人，彷彿雙方之間不存在任何邊界。感受內心湧現對伴侶的深刻愛意，療癒對方，使對方充盈愛的美好狀態。

第四部

第四個神聖祕密：採取靈性的正確行動

——克里希納吉⊙撰

艱困的難關如何令我們成長？

前面談過，宇宙智慧的神聖祕密能在緊要關頭幫助我們。不過，本書的目標不光是要幫助你解決人生難題，也希望與你分享如何從此過程得到轉化。第四個神聖祕密，也就是最後一個祕密，能夠影響整個生命之網。靈性的正確行動就擁有這樣的力量。

我還是個十六歲的高中生時，習慣抄最短捷徑，搶在朋友前面，從家裡疾衝去學校。有天，我騎腳踏車衝上一條從未走過的路，出了個小意外：同一時間，一名中年女子要過馬路，被我撞上，雙方都摔了一跤。在印度，每當這種狀況發生，通常都會引來大批人群，大家幾乎每次都站在比較可憐的人那邊，錯在誰身上根本無所謂。在這個事件中，錯的當然是我。人群開始聚集，我又痛又害怕，那名女子迅速爬起來，叫大家回去忙自己的事，接著走過來扶我，還幫我牽起腳踏車，走到她在馬路對面所住的簡陋小屋。她替我清理傷口，問我有沒有辦法自己去學校。她帶著滿滿的愛，告訴我，我應該好好念書，為這個世界做很多好事。

我震撼極了。對她而言，在那一刻，尋求公理並不重要，她只在乎要保護我不受人群傷害。我喃喃道謝，騎車繼續上學，一路上不斷納悶：為什麼她能對毫不相識的陌生人展現這麼大的愛？她的行動不是基於公平、道德觀或任何法律，純粹只是關心我是否安好。

這個意外對我產生了深遠的影響，這是我初次思索行動的本質。

在任何情況中，什麼才叫正確的行動？無論我們遭遇的狀況是大是小，都會思考這個問題，不是嗎？我們怎麼知道自己的行動是對是錯？有公式可循嗎？

我們不願以「公式」這個詞稱呼靈性正確行動的神聖祕密，以免讓你陷入不容變通、刻板的思考模式。幫助我免受憤怒群眾騷擾的女子，顯然並未遵循什麼步驟清楚的指南，只不過是抱持深切的關懷，自然而然採取行動。

然而，有多少人的行動能達到這個境界？事實是，就連我們所知最美好的人，也會在採取行動時面臨掙扎。前面提過十頭魔王羅波那的故事，很多人像羅波那一樣，充滿了「該」或「不該」的衝突欲望和信念，結果連採取最微小的行動都膽戰心驚。

如今在學院，普瑞塔吉和我把「靈性的正確行動」視為和宇宙之間的溝通。我們從自己本身的狀態，持續朝無窮無盡的意識傳送訊息，每當進入以連結為本質的美好狀態，便與一體的意識之網同步，達到奧妙的狀態。

以下分享正確行動的幾種法則，幫助你從源頭汲取力量。根據這些法則而展開的行動，我們稱之為靈性的正確行動。採取靈性的正確行動後，宇宙為你展現的解決之道，必定是一系列無法預期的事件，讓你的人生更加美好。

確切而言，要做出靈性的正確行動，代表我們不再絕望地嘗試掌控生命之流的走向，而是基於強大的意識狀態對生命作出回應。

和我們一起探索靈性正確行動的三大基本原則，不管要做出的決定是大是小，這些原則都能派上用場。不過請記住，這些法則並非僵化的原則，而是啟迪。投注越多時間培養美好狀態，第四個神聖祕密——靈性的正確行動就會越發得心應手。

法則一：

消融了內在衝突之後，我們採取的行動才是靈性的正確行動。仍有內在衝突時，我們無法採取靈性的正確行動。

我們往往在憤怒或孤單的當下，決定展開或終結關係；在深感氣餒或不安的當下離職；在害怕經濟衰退的當下，選擇購買或拋售。身處不智的狀態中，如何做出明智的行動？

任何受苦狀態都會掩蓋智慧，扭曲我們對實相的觀點。你是否留意到，憤怒或氣餒使我們做出過於匆促而不合理的行為，擔憂和寂寞則使我們躊躇不前，或倉皇做出事後反悔的決定？

有些人處於內在紛亂的狀態，延續數小時、數週、數月甚至數年。這就像手裡捧著燙手山芋，我們從絕望中做出決定，而非豐盛的感受。把包袱從一手換到另一手，直到再也撐不下去。

靈性的正確行動這條路的起點，是暫停下來，放慢動作，透過平靜頭腦練習消融受苦狀態。這是因為，唯有待壓力煙消雲散，才能重獲清朗的視野，進而獲得洞見。

在我們的青年慈善基金會舉辦的課程，一名年輕學生的例子清楚地說明了這個法則。他年約二十出頭，痛恨生活的一切，其中最厭惡的就是他的新工作：打電話推銷泡菜。他痛恨這份工作的每件事，討厭耳機麥克風，討厭別人聽到他打去是為了推銷的反應，討厭微薄的薪水。可是他不能辭掉，因為他必須養家，他不想被年邁的父親訓話、責罵。

在這個沒人在乎他的城市，過著平庸的生活，令他十分喪氣。但他受不了父親，所以不想搬回家鄉。父親是平凡的陶匠，為村人製作水壺維生，村莊對他的期待僅止於此，父親也就懶得精進技藝。母親負責持家，每天為家人準備飯菜，然後出門替有錢人家下田。他痛恨這個窮困的家。他覺得自己走投無路，做的事情都沒有意義。

有一次，他照例打電話推銷泡菜時，和我們基金會的志工說上了話。他們在電話中交談良久，志工邀請他參加我們為一所學校的青少年舉辦的活動。在過程中，這名年輕人瞭解到自我厭惡正在摧毀他的人生。結束深化課程後，他放下了對父親和自己的厭惡。

隔週，他回到村莊，在母親做飯時靜靜坐在廚房。有生以來頭一遭，他覺得與母親緊密相繫。他協助母親準備全家的晚餐，發現自己做這些簡單的家事時快樂無比。接下來幾天，他幫忙母親料理每一餐，享受兩人準備的每頓飯菜。他說，食物的氣味和口感讓他的味蕾甦醒過來，他的心也喚醒全新的熱情。他抱著無比的清澈、勇氣，辭掉電話推銷中心的工作，回到村莊，向母親和村中其他婦人學習製作各式各樣在地料理，討教無數祕方。現在，他在我們學院擔任大廚，盡心盡力滿足學員的飲食需求，讓他們感到賓至如歸。他是身處美好狀態的廚師，這個狀態滲入了他的每一道料理，展現驚人的美味。

唯有消融受苦狀態，再做出生命中的決定，意想不到的機會與豐盛才會翩然降臨。

接下來，是靈性正確行動的第二法則。

法則二：

處於美好狀態中，才能做出靈性的正確行動。

在美好狀態裡，你會自然而然考量自身的幸福及他人的幸福。在美好狀態裡，你與所有人的經驗是連結的。

靈性的正確行動，不見得要為了他人的幸福犧牲自我。如果我們犧牲，往往會產生怨懟與後悔，也可能會期待對方對於我們的犧牲報以感激，一旦我們覺得受到的敬重不如預期，便會進入斷連的受苦狀態，從而衍生一連串問題。

靈性的正確行動也並不代表要忽視他人的幸福。源於美好連結狀態的正確行動，絕不可能對別人的幸福安康視而不見。如果是涉及許多人感受的複雜情勢，那你將採取你認為帶來最少傷害的行動。

最後，來到第三法則。

法則三：

靈性的正確行動並非受到理想驅使。

我們都有重要的理想與價值觀，這些理想塑造了我們的生活。不過，萬一理想成了身分認同最重要的核心，主導每個行為，導致我們忽略每個事件的獨特背景，會發生什麼事？倘若我們只是模擬過去的行為，卻不在當下運用自身的智慧，怎麼可能做出正確的行動？倘若不運用我們的覺知，全心全意投入當下的境況，怎麼可能做出正確的行動？

單一的理想，怎麼能夠成為所有情境狀況的指引之光？

每當我們尋求啟發時，往往會閱讀別人的傳記，期盼為自己的挑戰找到解決之道。不幸的是，這個過程經常演變成執迷。

我們對榜樣、模範著迷，無法看清自己，執迷於想變得跟榜樣一模一樣。我們想變得一樣有名、一樣浪漫、一樣技藝超群，這些夢想卻成了新的問題；你的榜樣成了你的執迷，以及痛苦之源。

你發現，自己過著二手的人生。

受到理想驅使（不管什麼理想，就算是「好」的理想也一樣），會讓你無法臨在，看不清在每個獨一無二的情況該怎麼做。受到理念驅使的行動是預先注定的，而且缺乏情感，就連和善謙虛的回應都會變成只是出於慣性。對你而言，遵從理想可能會比真心關懷自己或他人更重要。無論理想多麼良善高尚，假如行為背後的動機是實現理想的執念，你都會變得麻木不仁。

偉大的中國哲學家孔子曾在朝中擔任要職，有個故事是這樣的：儒家的治國體制仰賴明確的法律、倫理和教條，比方每個人與朋友、父母、師長交談時的用字遣詞，凡事皆有所規定，孔子認為這將帶來秩序、美德和正義。因此，人人都知道哪些事會得到獎賞，哪些事會受到責罰。

有一回，一匹馬被偷了，孔子獲悉此事，著手調查竊賊，擬定坐牢的刑罰，提供賞金給逮住竊賊的人。過了幾天，一名年輕人來訪，說他知道竊賊是誰。

「你怎麼知道的？」孔子問。

「因為就是我父親。」年輕人回答。

「把他帶來，扔進大牢——」孔子說到一半，又改口問道：「等等，為何你父親要偷鄰居的馬？」

「我們全家挨餓，」年輕人說：「我快餓死了，我母親也快餓死了，但我們沒有食物，父親只好偷馬給我們充飢。」

「他是你父親，」孔子說：「為何要舉報他？」

「因為做人要誠實。」年輕人說：「我必須說實話。」

孔子於是修正剛才的判決。

「赦免父親，」他說：「將其子監禁三天。」

很多人對這個故事會有不同的反應與疑問，如果你感到不解，那是合情合理的。敘述這個故事，是為了幫助你進一步檢視自己的生活。

就道德或倫理而言，兒子的行為是正確的，他說出實話，遵守法律。可是對他來說，誠實已淪為空泛的理想，相較於跟努力養活他的父親連結，理想反而更加重要，他只想獲得認可，讓別人覺得他是誠實的人。由於對理想的執著，他變得不顧他人、冷漠麻木。

或許孔子認為，比起為了養家而偷馬的老人，放過年紀輕輕卻這麼無情的人，反而更危險。

希望你會明白，最後一個神聖祕密的力量多麼強大。靈性的正確行動不是非得按照步驟逐一遵守的決策方法，正如其他神聖祕密，關鍵在於化解內在衝突、走出自我執迷，以超凡的智慧應對人生。

做出正確的行動時，你不必因為「應該這麼做」而犧牲自己的健康、財富和幸福，而是會在乎、重視自己的快樂。正確的行動始於自身，接著必然會擴散出去，影響他人的生活，這往往是成就偉大之事的第一步。

憑藉靈性願景，你將活出美好人生。

憑藉內在真相的練習，你將消融受苦狀態，喚醒美好狀態。

憑藉美好狀態，你將做出靈性的正確行動，開創燦爛的個人與集體命運。

憑藉你對宇宙智慧的運用，人生將邁向奇蹟的境界。

第四段生命旅程：成為有意識的財富創造者

——克里希納吉⊙撰

想像在慵懶的午後，自己哼著最愛的旋律走進灌木林。突然，一隻鳥發出刺耳的鳴叫，你從眼角餘光看見遠處茂密的草叢動了。

你知道自己身處險境，受到監視。那是伺機而動的老虎。你拔腿就跑，老虎急起直追，不久，面前出現巨大的深淵，如果想逃出虎爪，只能縱身往下跳。地形凹凸陡峭，向下的路途十分危險，在你踉蹌滾向泥水時，低頭一看，只見巨鱷正張開血盆大口。

你驚怖不已，拚命抓住崖壁，失敗了幾次之後，勉力抓住蔓生的野藤，雙腳懸空，離巨鱷的大嘴不過幾呎。上有老虎，下有鱷魚，你拚死抓住藤蔓以求保命，這時你才注意到，一黑一白的兩隻老鼠正在啃咬你手裡抓的藤蔓。你困在這個可怕的境地，忽然感覺到有什麼滴在頭上，抬頭一看，原來上方有個蜂巢。你渴望一嘗那甜美的滋味，於是伸長舌頭，等待下一滴蜂蜜落在舌尖上。

首先，抱歉讓你經歷這場嚇人的想像之旅。請耐心看我們解釋這個故事的意義，當你理解這則古老的寓言，你的意識將以全新的思考方式，來看待何謂豐盛。

這個故事鮮活地呈現了許多人體驗生命的方式。老虎代表當自我執迷處於掌控地位，我們就會陷入可怕的狀態，深怕自己是無關緊要的存在，這個狀態稱為「小人物狀態」。

深淵代表我們在無意識中，拚盡全力、充滿野心地追求創造財富。逃入深淵看似可以擺脫小人物狀態，但這趟旅程是出於恐懼，並非出於喜悅或使命感。

鱷魚代表永不終結的財務問題迴圈，當我們陷於自我執迷，過著平庸的生活，落入深淵時，這些財務危機就會爆發。

你抓住的藤蔓代表希望。

啃咬藤蔓、一黑一白的老鼠，代表流逝的白天與黑夜，你的希望將隨著時間更迭而消逝。

最後，蜂蜜代表在一片不安與混亂之中，我們嚮往的短暫歡愉。

如何逃脫這個困境？

我們都知道多數人最常選擇什麼道路。看見老虎的剎那，我們就會做出故事主角的反應，轉頭直奔深淵。當然，深淵擁有多種偽裝的形貌，可以是父母希望我們選擇的工作，看似能受人尊敬的事業，比兄弟姊妹更富有的職位，確保我們在派對上永遠不會被人忽略的身份地位。

這樣的道路看似帶來成就和財富，但是假如我們採取上述任何一項行動，純粹是為了填補內在空虛的受苦狀態，壓力和焦慮將在我們周遭產生負面能量的漩渦，吸引更大的混亂、以及令人痛苦的平庸感。如果活在自卑的意識狀態，生活中的其他層面也將受到損害。這絕對不是通往富足的道路，也不是能夠創造財富的意識狀態。

然而，還有另一條更好的路徑，另一種意識狀態。

小人物狀態的人生

麥可在一家表現優異的建築公司擔任執行長，對當年自己痛下決心絕不要被瞧不起的瞬間，還記憶猶新。那時，他只是個青少年，喜愛的女孩為了更有錢的對象棄他而去，這份羞恥他至今未能忘懷。

他在公司費盡千辛萬苦爬到現在的地位，可是他卻感覺不到自己期盼已久的快樂。多年來他力爭上游，此時已陷入傲慢狀態。為了逃離自卑感，他花了許多時間說服自己和別人，他是個多麼厲害的人。

麥可年近五十歲時，出於嫉妒，加上不願容忍同行出現競爭者，他使了些陰招想要扳倒對手。沒想到，他的策略造成嚴重反效果，一連串事件導致他形象大損，失去公司，流失客戶，員工也離職自立門戶。

麥可回顧他花費二十年建立卻一夕傾頹的事業，明白自己已經落入深淵底層，是時候停止逃跑了。

剛開始，他並不想參加我們提供的四日課程，全是因為他十幾歲的女兒堅持才來上課。

然而，第二天，他開始真正審視內在，頓悟自己一直以來所視為的專注與動力，其實是成癮。他痛苦地追求財富與成功，只是為了彌補青少年時期產生的內在空虛，但都徒勞無功。

他從未面對徘徊不去的自卑，隨著時間過去，這些情緒越發膨脹。就他所知唯一使其消音的方法，就是拚命變得比同行的所有人還要強大，於是他憑藉冷酷和侵略性，迅速爬上巔峰。

他意識到，即使身為成功的主管，內在依然像少年時期一樣空虛、深感渺小。不管手底下有多少員工，在業界享有多大的盛名，一想到有人可能爬得比他更高，他仍然覺得自己無足輕重，仍然受苦。

課程的最後一天，他進行無限場域靜心，展開奧祕之旅，突然感到極強的恐懼：害怕至死只是個小人物。儘管他努力轉移注意力，仍甩不掉這份恐懼。

直到他終於臣服，認清自己這輩子對其他人來說無關緊要，他終於看見了使他謙卑的真相：他的存在，從未豐富任何人的生命。

在深刻的靜心中，他放手感受活得沒有意義的痛苦。不久，肚臍四周浮現強烈灼熱感，彷彿一陣大火吞噬了心和臟腑中熟悉的不滿足感。經過大約一小時，他沉入甜美的夢鄉。

搭飛機回家的路上，他回顧人生，看見自己身處小人物狀態，徒勞地追逐財富。物質上的任何成就，從未使他感到完滿。

於是，他展開真實的轉化過程。全新的生活召喚著他，不過他得先做出幾個決定。是要退休培養興趣，還是開拓一番新事業？是要留在同一個行業，還是轉換跑道？是要在同一個城市重建事業，還是搬遷？是要獨自奮鬥，還是與別人共同努力？他該從哪裡開始？

稍後再回來談他的故事。

「完美自我」的痛苦

如果身在麥可所處的小人物狀態，我們為了創造富足而付出的心血，都將有限而費力。小人物狀態會導致三種不同的道路：

1. 因為處於智慧不足的狀態，我們未能獲得尋求的財富。

2. 即便取得某種程度的成就，過程也將苦不堪言，使我們無法感到滿足或慶祝。

3. 受苦狀態將帶來問題，危及我們千辛萬苦積累的一切。

如果你覺得上述三種情況都是死胡同，請放心，小人物狀態會對我們產生這麼大的影響力自有原因。只要我們覺察到它，它的力量自然會消滅。

但是，它一開始究竟為何變得如此強大？

請記住，我們的頭腦，不僅僅是我們有意識選擇輸入的資訊，還包括志向、偏見、恐懼、渴望、意見，而且這些可能來自祖父母、父母、教師、朋友、高中男女朋友、伴侶，甚至是我們根本沒那麼喜歡的人！

這股集體資訊流，在我們內心創造了「完美自我」的形象。不幸的是，完美自我擁有良善的情緒、犀利的智慧、迷人的外表、富足的經濟狀況，就像是賈伯斯、歐普拉、巴菲特和超級名模全部融為一體——別忘了加入達賴喇嘛！仔細看，你的理想自我多多少少就像這樣。

即使我們並非刻意追隨世上最受欽佩、最有成就、最富魅力的人物，我們打從出生便天天受到轟炸，接收各種何謂善良、快樂、成功的資訊。從小，我們自然而然形塑「應當成為」的理想自我，隨著我們受到家人、朋友、師長的批判，這個形象更是日趨複雜。

不知不覺間，完美自我成了我們判斷自己「應該成為誰」的內在尺規，我們時時以這把尺衡量現實，每當有所不足，便對自己、對生活失望，感到空虛，在絕望之中開始追逐目標。

聽在你耳裡，是不是覺得這是要你更「理智點」，降低標準或放棄渴望，才能過著美滿的人生？

其實，這並非我們的生活哲學。畢竟，誰能決定何謂理智、何謂不理智呢？我們也不認為非得過著充滿妥協的次等生活，不認為一定要摒棄欲望。在我們看來，不管願望是偉大抑或渺小，關鍵在於我們追求這些願望時，是處於什麼樣的狀態。

當小人物狀態主導我們時，該怎麼做？如果那是我們唯一熟悉的狀態呢？我們可以肯定地說：沒人生來只是個小人物。

在我們體驗「完美自我幻想」與「小人物現實」的心理分裂以前，人人都活在美好的存在狀態。孩提時代，我們不會想要成為其他人，只是體驗每個當下，與存在狀態融合為一，無論這個狀態是憤怒、喜悅、嫉妒、無聊，還是嬉鬧。

在這個存在狀態，我們是全然的自己，而且毫不掩飾。這個天真純潔的美好狀態有如天堂，不快樂都無法久留，它就像是順著身體流下的水珠。

不管皮膚、眼睛是什麼顏色，我們就只是自己，全然無愧。不管我們是否會認字、是否會背乘法表，都處於寧靜狀態。我們以自己的方式、自己的步調學習事物，每一次努力，都是獨特、充滿創造力的行動。

隨著我們成長，這份自在的內在感受變成精密的衡量系統，使我們永難饜足。我們離完美自我越遠，就越陷入痛苦的小人物狀態；人生每一次傷害我們，小人物狀態就變得愈發強大。

每當父母拿我們和手足比較，害怕自己只是小人物的恐懼便會湧現。每當老師對其他同學比較好，這份小人物恐懼便會高漲。每當暗戀對象拒絕我們、拿不到夢想的工作，小人物恐懼便淹沒了我們。

連極具聲望的人也會體驗小人物狀態，但只要繼續留在這個狀態中，就算得到最權威的獎項或表揚，都無法令人高興。要知道，在小人物狀態中，我們無法創造財富，只是上癮般地不斷躍入絕望深淵。

請在此暫停。讓我們花點時間，坦然面對小人物狀態會以哪些形式，限制我們累積財富、體驗富足的能力。小人物狀態是怎麼讓你困於絕望？記住，如果你希望宇宙智慧展現解決之道，你可以進行平靜頭腦練習，放下執著和自利。（這項練習請參考頁一一八）用更宏觀的角度，看待整個情況。不管對象是家人、公司或周遭環境，看看你對整體狀況造成了什麼影響。解決之道可能是在靜心時會以直覺、靈感的方式閃現，或是從出乎意料之處發掘的點子。

作為有意識的領導者，請自問：我得到的成就，背後是基於什麼狀態？我的動力是不是來自比較，或是害怕不如人的恐懼？還是深刻、喜悅、滿懷熱情的狀態，渴望創造改變？

療癒發炎的頭腦

我們都有身體發炎的經驗。當有害或刺激的物質企圖入侵人體，將會觸發生理反應，試著將其排除，用肉眼即可看出發炎的徵兆和症狀，雖然惱人不適，卻代表身體為了自我療癒，進入了戰爭狀態。

當然，有時候，發炎會破壞體內的平衡，導致更嚴重的發炎。輕微、慢性發炎的危險在於外表乍看沒事，令人無從察覺破壞力。事實上，壓力造成的發炎反應一旦啟動，可能好幾年、數十年都不受察覺，導致全身上下的細胞死亡。這種體內戰爭可能以糖尿病、阿茲海默症、腦膜炎、癌症、冠心病等方式出現，也因此許多現代醫學研究都以對抗發炎性疾病為主題。

身體會持續發炎多年，我們的內在存在狀態也會。最初面臨傷痛的尋常反應，可能演變為心和頭腦的疾病，一旦頭腦真的開始發炎，就會在不知不覺間扭曲我們的人生，長達數十年。

我們可能宣稱已經走出過去的創傷，建立與童年時期大相逕庭的生活，但如果想要療癒自我、迎接富足、活出美好人生，依然需要面對變成小人物的恐懼。該怎麼做呢？

小人物狀態的症狀之一，是它經常伴隨極端的金錢關係。處於這個受苦狀態的人，往往要不是對金錢有強烈的偏執、就是徹底看不起金錢，或在這兩種情況之間擺盪。

先談談對錢的執迷。我們都曉得，身體對抗感染的典型徵兆是發燒。面對小人物狀態時，有些人也會經歷類似狀況。

我們會陷入某種狂亂，執著於累積錢財和提升地位。進入這種發狂狀態時，我們沒辦法看清現實，而是產生關於未來的扭曲幻覺：只要我更有錢，我就能擁有想要的一切，包括愛、幸福和權力。的確，受到這個願景的驅使，我們偶爾會感受到短暫、難以持續的活力，不過長遠下來，抱持這種心智狀態很難累積確實的成果。由於這份全然的執迷，我們害怕失敗，缺乏探索的能力，遭逢挑戰與難關時，也難以找到有創意的解決辦法。

小梅是一名花道老師，總是害怕存不了足夠的存款安享晚年，耗費許多年執迷於銀行存款，錙銖必較自己還剩多少錢、本來應當賺到多少錢。可是，她的每個行為、賺到的每分金錢，都無法讓她產生成就感或安全感，所以她長期處於憂鬱中。

後來，她審視這些感受的根源，發現在她還小時，不管做什麼似乎都無法讓母親開心。她把相同的心理帶進每一段友誼與愛情，早在高中時期，她便一心要創造財富，期盼錢財能夠帶走內在充滿不安的痛苦狀態。

隨著時間流逝，小梅與金錢的關係變得扭曲至極。她投注大把時間，計算自己退休時會有多少錢，為自己賺得不夠而驚惶，慌亂的心情會促使她拚命工作賺更多錢。但是，她也老是衝動購物，或是做出不智的投資，再為了白浪費的金錢後悔不已。她活在匱乏的內在狀態中，有時會嚴重驚慌，整天疲累不堪、頭暈目眩。

當小梅了悟她現在的問題完全是因內在狀態而生，立刻就獲得解脫。不是宇宙用這些難題考驗她，是她發炎的頭腦導致人生失控。接下來幾個月，她對內在狀態的覺察力日漸加深，她自然而然得到一份喚醒，進入與花道和學生彼此連結的美好狀態。

小梅踏上的深刻靈性旅程，改變了腦中原先令她焦慮、執迷於金錢的神經迴路。如今，她多數時候都處於美好狀態，覺得宇宙是她的盟友，帶給她許多好運和共時性。

如同感冒時，發燒是一個警訊，同理，對金錢的狂熱提示我們更深層的病因。當然，我們可以拼命吃藥，壓下發炎症狀；或者，也可以把不適當成警鐘，提醒我們好好面對小人物狀態，並不再有任何的後患。

身處小人物狀態時，可能與金錢建立的第二種關係，就是逃避。面對小人物狀態，有些人會一頭熱地執著於銀行對帳單，有些人則會走上完全相反的方向。

這種人會有的思維是：金錢畢竟是邪惡的，只會讓人變得傲慢自大，讓世界充滿壞事……追逐或尊重財富根本沒有意義。

這份內心的反感，甚至可能化為理直氣壯的怒火：世上這麼多人一無所有，我的鄰居怎麼能住這麼好的房子？

由於與金錢之間這種排斥、拒絕的關係，我們毫不尊重自己付出的貢獻，不願問清楚自己的服務究竟價值幾何，嘴上抱怨別人開出的條件不公平，卻沒有勇氣要求自己應得的份額。

但深入檢視，我們經常發現，會厭惡金錢和擁有錢財的人，根源往往來自過去的發炎症狀。這種執迷就和第一種執迷一樣危險愚昧，你是否身陷其中呢？

如果你願意進行一場小小的內在之旅，請在此暫停。放慢呼吸，讓自己在當下這一刻保持臨在。

更深入探索內在真相。請靜靜坐著觀察，我們和金錢的關係是什麼？是過度執迷嗎？金錢是否像鞋子裡的小石頭，每走一步路便吸引我們的注意力？還是我們對財富感到冷漠不屑？

害怕自己只是個小人物的恐懼，多常吞噬我們？我們多常滿腦子想著自己一生可能都只是個小人物？渴望在未來功成名就的執迷，是否讓你停止生活、連結和感受？或者，你對富足的追求是源於自我探索的喜悅狀態，以及和世界分享天賦的渴望？

重點不在於為了恐懼的受苦狀態而訓誡自我，正好相反，一起為自我歡慶吧！因為，從虛假到真實的旅程正是邁向美好狀態的關鍵！

我們可以擺脫小人物狀態的束縛。其實是非擺脫不可，這個受苦狀態會在周遭創造負面的能量場。

我們都見證過，不是嗎？我們都看過有人受困於對金錢的執迷，做出極為不智的決定，影響他們接觸的每個人。我們都看過小人物狀態以工作狂或憂鬱症的形式外顯，要待在這樣的人身邊並不容易，他們往往沉浸在狂怒或羞愧中，無法感受任何人的愛。

在宏觀的層面，小人物狀態會阻止財富流向我們，妨礙智慧，擋住吉祥能量，關上能讓財富女神進入生命的那扇門。

但是，我們可以從中得到自由。

還記得建築公司執行長麥可嗎？他的內在旅程並未使他放棄追求財務安全，但他的確放棄了別的東西。他的追求不再是出於空虛，不再是因為氣恨那些曾經嘲弄他、曾經拋棄他的人，甚至不是因為急於重建眾人心目中幻滅的形象。

麥可喚醒美好的狀態——平靜的勇氣，他覺察到自身的狀態和行為帶來多少絕望。他不再堅持己見，意識轉化的力量讓他有了新的目標，也就是善用知識的熱忱，創造更高的福祉。

現在，他身邊聚集了新團隊，在我們撰寫本書時，他和團隊正為有志學習的人提供線上建築解決方案。他們處於平靜、熱情的美好狀態，一磚一瓦打造夢想。這次，往上爬的過程令他們感到輕鬆自在。

成為有意識的創造者

創造財富是世上最熱門的話題，你想必聽過各式各樣賺大錢的技巧和策略。

要成為有意識的財富創造者，卻必須踏上截然不同的旅程。

我們提倡以有意識的方式創造豐盛，遠離阻撓我們顯化夢想的破壞性狀態，躍入創造力滿溢、清晰醒覺的意識。你不必在匱乏的狀態中創造、建立、達成成就，而是學會如何汲取更深層的創造力之泉。

每當學生踏上這趟意識之旅，便會在覺醒之後迎來令人興奮的新契機，體驗奇蹟般的共時性，不必再對抗洶湧的生命洪流，反而讓滔滔河水承載自己，遍覽生命之河的美麗河岸。

那麼，誰是有意識的財富創造者？

有意識的財富創造者，會覺察自己是在什麼狀態中追求財富和成功。

有意識的財富創造者，會覺察自己在追求背後的動機。

有意識的財富創造者，瞭解自己的財富創造會對周遭的生態系統產生何種影響。

我來分享一個著名執行長的經驗，他任職於頗富盛名的企業。

幾年前，這位執行長剛上任時，首次在學院經歷轉化之旅。

當時，他的公司陷入財務危機，董事會決定要他負起扭轉劣勢的責任。

他做出了大部分領導人面臨這種危機時會做的決定：為了減少支出而裁員。

他帶著沉重的心情，把資遣計畫告訴妻子，妻子卻反問他一個問題。

「我瞭解你決定要裁員，」她說：「但你是在什麼狀態做出這個決定？是出於恐懼，還是愛？」

這位執行長的內在之旅開啟，他連結上第一個神聖祕密——靈性願景。他察覺，自己面對挑戰時是處於受苦狀態，不是美好狀態。他確信，他所受的苦令他變得絕望愚昧，受苦狀態只是招來更多問題。他建立願景，消融了受苦，以美好狀態來應對公司的挑戰，接著展開下一段旅程：第二個神聖祕密──內在真相。他發現自己做決定的動機往往是自保和自我執迷，而不是對公司有更宏大的願景；做決定時，他心中充滿恐懼，害怕董事怎麼看他，急於在董事眼中證明自己的能力。

辨識出恐懼以後，他捫心自問：我想從什麼狀態來處理這個情況？答案就在他面前。他繼續靜心，觀想自己與所有員工建立連結，感受他們若是在聖誕節前夕丟掉工作是什麼心情。

然後，他繼續進行第四個神聖祕密：靈性的正確行動。抱持清澈的決心和對宇宙的信任，他號召全公司齊心協力，從生產、包裝、物流到展售，不分層級，努力節省成本。

他的連結狀態深深影響了公司上下，大家凝聚一心實現目標，公司順利度過難關。

情勢開始向對他有利的方向發展。隨著聖誕節越來越近，經濟好轉，需求增加。由於並未裁員，公司的產能足以應付需求。

在他擔任執行長期間，公司年年飛躍成長。

四項追求，兩條道路

雖然我們並不喜歡炫富（其實是不喜歡炫耀任何事物），但我們想與你分享以下這份智慧。結婚二十一年來，它引導我們共同打造成功的國際事業，指引許多學生成為有意識的財富創造者。

印度古老的智者曾說，人類的所有渴望都可以分為四項追求：

- 財富（Artha）：各種形式的財富，以及財富能帶來的舒適和享受
- 愛（Kama）：關係中的愛，包括真摯情感、親密、尊重和慈悲
- 生命目的（Dharma）：為家人、組織、世界創造改變的熱情
- 靈性覺醒（Mukti）：讓你從苦難和分離的幻相得到解脫

不管我們有何慾望，都可以歸納為這四大追求。雖然這個觀點在我們的文化中相當普及，但我們直到開始規劃O&O學院的課程，才真正體悟到這些古老智慧的奧妙：

要追求這四大目標（廣義而言，包含了所有的人類欲望），可以從美好狀態，也可以從受苦的小人物狀態。

為了闡述這點，讓我們先探討「生命目的」（Dharma）。

人人都有責任，我們是父母的子女，伴侶的配偶，社區的公民。可是，當我們在壓力狀態下扮演自己的角色，它就會變成例行工作，變成非背負不可的重擔。我們依然會履行義務，要不是基於理想，就是因為我們試圖扮演體系中的角色，但我們並非真心付出。

然而，如果進入以連結為本的美好狀態，我們將擁有「生命目的」，一份滋養家庭、社區和整個社會的熱情。我們發揮所長、發揮影響力，為眾生的幸福付出貢獻；我們瞭解萬事萬物彼此相繫，自己的狀態和行為對生命之網將產生深遠的影響。想想我們自然而然創造的漣漪效應，怎麼會有任何人是微不足道的小人物呢？

同樣地，對愛（Kama）的追求也可能源自小人物狀態，這時，我們對愛的渴望會成為永不止息的嚮往，急於討好別人或期待別人討好我們，對享樂迫切追逐成了失控的執迷。

反之，若是在美好狀態中追求愛，我們將得到滋養、揚升、和讓人感到解脫的愛。

假如連靈性覺醒（Mukti）的追求，都是從小人物狀態發生，它變成一個野心勃勃而充滿侵略性的過程，累積靈性知識和技巧，卻只為炫耀自己。我們打造脫俗、高尚的自我形象，企圖逃避現實的挑戰，結果卻是踏上絕望、孤寂、衝突的道路。所以，就連虔信之人也可能向世界發動戰爭，最慷慨的善人也無法消除內心的哭喊：為什麼別人都過得比較輕鬆？

從小人物狀態追求靈性道路的經典例子，是佛陀的堂兄提婆達多。提婆達多英俊聰明，有人說他的口才甚至勝過佛陀。

兩人幼時，提婆達多射中一隻天鵝，墜落在佛陀腳邊，佛陀立刻為天鵝治療傷口，使其痊癒。提婆達多說，既然是他射中天鵝，所以天鵝該是他的，但長老決定將天鵝判給佛陀，因為是佛陀賦予牠生命。

也許這是提婆達多進入小人物狀態的起點，也許起源更早。後來佛陀開悟成道，終於返鄉，提婆達多隨其出家，但原因是他暗暗期盼能證明自己是更優秀的導師。他艱苦修行，可是至死都是個心懷不滿的人。

即使我們都想當故事中的佛陀，也不難理解提婆達多。有誰不曾對了不起的人物心懷嫉妒，何況對方可能是我們的親人或摯友？有誰不曾向手足或好友發起內在戰爭，只因為對方獲得我們從未擁有的好運？

這就是小人物狀態的不幸力量，也是我們不能低估它的原因。我們極易受到它的誘惑，向下沉淪。

這也讓我們來到第四個追求。我們追求「生命目的」時，不應將其當成負擔，同樣的，未經思考的執迷，也無法讓我們真正獲得「財富」。

追求更高形式的財富——有意識的財富創造——唯有從美好狀態才有可能辦到。在美好狀態中，驅使我們的動力不是非贏不可的執念，也不是變成輸家的焦慮。對我們而言，創造財富不再是場戰爭，成功與否不再攸關生死，通往成就的道路變得好玩有趣。在這樣的意識狀態，我們將發揮源源不絕的創造力，財富女神也會主動降臨。

在這個充滿連結、創意的狀態，我們喚醒更大的使命，足以綿延傳承後代的一份目的。首先，我們看見，自己的智慧、能力和才華不僅是擴展影響力、創造財富的工具，更能夠轉化身邊的人、狀況和這個世界。

然而，倘若我們擁有使命感，卻仍不足以從壓力和受苦解脫，該怎麼辦？

從連結的美好狀態追求生命目的

讓我與你們分享一位韓國年輕人的故事，他成立公司，致力於改善動物福祉。他自認是個失敗的領導人，陷入低潮，產生了自殺的想法，於是來到學院。

我們多半以為，在職場上不快樂是因為缺乏一份生命目的。可是他的確找到了目的，他一直希望善用科技改善動物的生活，早在就讀大學時便率先研發這項技術。

我們也以為，不快樂是因為未能實現目的，但這個人的公司非常成功，還持續成長。

我們又想，不快樂的原因或許是公司體制不良，但他在這方面沒有什麼不滿。

那麼，他痛苦的根源究竟是什麼？事業明明正在成長，也符合他的生命目的，為何他覺得自己很失敗？

隨著他展開更深入的旅程，他談了更多關於自己的事。他說，過去五年，將近一百名員工決定離職，他費盡口舌才阻止他們，但他不知道是否還有辦法硬要他們留下。他好累，一直強留、激勵、說服別人讓他好累。

在學院的靈性旅程中，他有所領悟，疲憊並非來自工作，而是來自內在狀態。在他內心，他彷彿站上跑步機卻下不來，持續努力向父親證明自己的價值，努力不要自覺比不上更聰明的新進主管，努力在每次會議贏取董事的尊重。

他發現，他的每個成就都是來自不如人的恐懼。他是個斷連的人，不是真心尊重員工，和員工的關係純粹是基於利益交換。

隨著深入內在，他喚醒感恩的狀態，感謝所有扶持公司成長和成功的員工，終於開始在乎他們的沮喪不滿。

這趟轉化之旅後，過了九個月，他說，隨著他一點一滴引領整個團隊進入更和諧的狀態，公司的氣氛跟著轉變了。

正如這個故事所示，在深刻的目的感背後，也可能隱藏壓力狀態。如果你的工作、事業、目標是受壓力狀態驅使，將會淪為破壞性意識的戰場。反過來說，如果你的工作是受美好狀態啟發，那事業將成為宇宙智慧的遊樂場。

存在狀態就像拉車的馬，能夠選擇把車拉往哪個方向，車子可能是你的事業、職場上的關係，或是你在整個環境中發揮的影響。

你的內在狀態將指引前行的路，人生則會隨之發展。

你要去哪裡？

來思考一個重要的問題：你要去哪裡？是什麼把你帶往那裡？你引領團隊時處於什麼狀態？當你每天走進公司門口，你希望感受到什麼文化？是壓力狀態，還是美好狀態？是連結狀態，還是斷連狀態？

請在此暫停。此刻，是什麼在驅策你的職涯決定？你追隨的是焦慮嗎？工作對你而言只是生存手段嗎？如果有錢，你會毫不遲疑地辭掉工作嗎？

還是，你追隨的是沮喪和憤怒呢？你的工作是不是為了對自己、伴侶、父母、手足、敵人、下屬證明自我價值？

說不定，你追隨的是乏味。工作是否只不過是逃避無聊的手段，是消磨時間的方法？

你追隨的是什麼？

你打算去哪裡？

請不要抗拒，看清自己的內在真相。

在你反思的最後一刻，你察覺了什麼？你是在追隨快樂、感激、慈悲，還是讓恐懼和焦慮阻撓了通往富足的道路？

當你喚醒財富意識，你將享受整個創造的過程，明白自己的服務對他人的生活產生什麼影響，也清楚他人的工作和服務對你有何影響。

因為，無論你是否想過，它的確會有影響。

有個故事能說明這個強大的真理。

有天，一名男子開車走上他習慣走的彎路，不料有塊大石滾到路上，車子撞上大石，偏離道路後撞毀，他隨即身亡。

但故事尚未結束。多虧現代科學的奇蹟，他在加護病房被搶救回來，在醒來的瞬間，他已蛻變為全新的人。

怎麼回事？

復甦前的剎那，他在眼前看見了自己的一生。唯一的差別在於，這次他是從己身之外的視角觀看這一切——他與這輩子接觸過的所有生命交換了視角。

他看見年幼的自己用棍子打一頭羊，只不過，他這次經歷了與那頭羊相同的驚駭與痛楚。他看見自己欺侮學校裡的其他孩子，只不過，這次他感受到了對方的屈辱與恐懼。他看著自己的一生像電影般在眼前上演，自己卻經常扮演反派角色，強烈的悲傷湧上心頭。

他領悟到：我和其他人之間總是隔著一道牆，那道牆就是我自己。

他一面回顧自己虛度的生命，一面深深陷入受苦狀態。

接著，他眼前浮現其他回憶。好幾個早上，他開車上班，經過車子失控的那條崎嶇道路時，總會有幾隻烏龜正在過馬路。他明白，如果不插手，這些烏龜鐵定會被開快車的人給輾死。所以他會停下車，抓起烏龜，安置在牠們要去的那個方向，才繼續開車上路。

當然，在他陷入無意識時播放的這段記憶中，他不是當初展現善行的自己，而是被他抓起來、窩在他懷中，來到安全地帶的烏龜。在這一刻，他的心向愛的經驗敞開，感到與眾生深深相繫。他醒悟：每次我們彼此傷害，等於是傷害所有生命；每次我們彼此關愛、照顧，等於是滋養所有生命。

明白這件事的瞬間，他不由自主地回到體內。他立刻明白，自己必須以不同的方式度過人生，向世界回報截然不同的經驗。

每個來到學院的人都會經歷獨一無二的意識轉化，但許多學生曾向我們分享的洞見，都和這名男子的瀕死經驗極為近似。直接體驗到意識狀態擴展時，對世界的整個認知往往會產生巨變。

有生以來第一遭，他們對於自己的人生、自身行為的漣漪效應，以及支持、維繫世間萬物的豐富生命之網，產生更加深刻開闊的瞭解。

喚醒與彼此的連結

我們身處於相互連結的世界。

我們的行動息息相關。

我們能過上舒適的一天，都是因為這麼多年來，無數人付出勞力和智慧。如果沒有這許多人勤奮不懈的努力，你我甚至無法好好享受一餐。我們每個人都是無數讓世界運轉的人之一！我們每天早上離家工作，就是去完成名為「和諧世界」的任務。

每當你在MAC上面打字……每當你穿上特別設計的衣服，在實驗室執行有風險的工作……每當你翻開書頁，為教室中的學生朗讀一首詩……每當你載著三百名乘客，安全抵達他們想前往的目的地……每當你參與各式各樣的工作……其實，你都是在協助世界保持和諧，這個美麗的星球之所以能夠和諧地存續，你的存在不可或缺。

當我們喚醒與彼此連結的狀態，效率將急遽提升。我們不僅能獲得空前的個人成就，也將為公司、為世界上每個人的成就做出巨大貢獻。

有位學生是髮型設計師，在一間時髦的髮廊工作。一天結束時，她經常進入麻痺的狀態，覺得生活毫無意義。她能用機智妙語逗顧客開心，卻深感空虛：自己日復一日地染髮、剪髮，為什麼每天都似乎如出一轍？

我們帶領她進行過程後，她喚醒了充滿愛的狀態，對工作的體驗也徹底轉變。現在，她與顧客的內在狀態建立連結。她會回想，有個單親媽媽來找她做頭髮以後，接連好幾天處於喜悅狀態；有個青少年在上大學的第一天，以全新造型充滿自信地走進校園。這位設計師與顧客深深連結，最初只是維生工具的職業，如今成了以愛影響他人的有意識行為。

不過，她並未就此止步。事實上，她希望超越設計師這個身分，先前的不滿足就像一記警鐘，讓她發現自己想要更多。這份經驗帶給她所需的勇氣，推出屬於自己的環境友善產品。

一旦踏上有意識地創造財富之路，我們將會喚醒一份愛，對共事的人、以及通過工作影響的人。我們應該喚醒自己的心，因為要是不在乎他人的感受，那麼即使與對方並肩工作，內心依然會感到孤獨，受困於壓力狀態。唯有與他人建立連結，才能感到安全、安心、受到滋養。

也許你依然有所懷疑，覺得連結狀態沒有我們說的那麼美好。如果是，那你並不孤單。

有位學生在來到學院的第一天，就向我們提問：「為什麼和其他人建立連結那麼重要？」

他名叫史凱德，年紀輕輕便已成就斐然，才三十二歲，已經在公司爬到相當高階的管理職位。

他自認是個白手起家的人。

「我可以跟這裡的桌子、我最愛的車、我的個人技能建立連結，」他接著說：「但我為什麼要依賴隨時可能會變的人？我只依靠我自己、我的能力，還有我愛的事物。」

當天稍後，他提到，他會來學院是因為對人生感到茫然。大部分時候，他早上醒來，都懷著三個疑問：

1. 繼續在這間公司投注精力和創造力的意義在哪？
2. 為什麼我要做這些？
3. 我是為了誰做這些？我花了那麼多時間培養團隊，他們似乎已經不需要我了。

隨著史凱德進行內在之旅，他發現多年來的傷痛讓他變得被動，也認清他一直對他人懷抱的失望，其實是種與人疏離的手段。

他想要下半輩子都當個斷連的人嗎？

當史凱德決定放下憤怒和失望，對自己與人生的認知隨之改變。他不再認為他單靠自我奮鬥而成功，反而開始思考，許多人曾經推他一把，團隊也藉由大大小小的舉動來支持他。

隨著意識擴展，他內心湧現深深的渴望，想讓團隊和整個公司更快樂。史凱德在印度完成課程後，過了六個月，他告訴我們他找回了生命目的。「現在我很享受去工作、成長，」他說：「就好像我的大腦進入了創意源源不絕的狀態，我身邊到處都是共時性。」

如果你覺得失去目的感，極有可能就是因為失去連結。如果喚醒真心連結的狀態，必然將產生更強烈的目的感，你會明白合作的真諦。

為什麼這種真摯的連結在組織中不可或缺？領袖該如何培養這樣的連結？

真摯連結不只是種態度，或是大家一起做的活動。這是一種意識狀態，處於這種狀態，你會認為自己的幸福與他人的幸福不可分割，自然地想要協助身邊的人更加幸福快樂。

假如你比史凱德更年長，可能會想：都過了這麼多年，現在又何必改變？真的需要這樣嗎？

普瑞塔吉和我由於工作之便，得以一窺各種層級的組織如何運作——從夫妻和家庭，到小型公司和機構，再到大型跨國企業、運動、國家……而我們自己也身為領導人，非常瞭解進步、聰明的系統價值何在。

但是，無論創造什麼樣的系統、實施什麼樣的規定，倘若構成系統的個體仍然只具備有限的意識，那這個體系就永遠受到侷限，無法達成它的願景。即便是最有效益的外部系統，同樣將受到自我執著的意識宰制。因此，任何期盼為世界帶來深遠改變的領袖，都必須重視意識的轉化。

許多擔任主管職位的學生都和我們分享過，在他們下定決心讓自己的意識轉化時，組織中的人也會起而效仿。有別於強迫大家遵從某種新式管理術，如果要創造真正有意識的組織，關鍵在於你以什麼狀態生活在這個世界——你是否擁有化解受苦狀態並果斷行動的能力，是否渴望讓組織中的每個人幸福，是否希望對整體環境帶來良善的影響？

大部分領袖都會說自己想為世界做什麼，卻甚少提及自己的存在狀態。然而，假如意識沒有徹底進化，從分離進入合一、從斷連進入連結、從受苦進入美好，又怎麼可能對人類的未來建立清晰的願景？

倘若意識沒有徹底進化，任何決心、決定、改變都將流於表面，無法結出真正的果實，一旦發生進一步衝突便往往崩壞。務必謹記於心：意識為先，決定與行動位居其後。

我們身處人類歷史的轉捩點，可能實現更高層次的集體進化，也可能將自身和其他物種帶往滅絕。

現在，這份力量埋藏在我們每個人身上。後代與地球上無數物種的命運，取決於這場意識進化是否成功。你要讓意識退化至受苦、分離、孤立的狀態，還是要有意識地進化成美好狀態？

你想要進入哪個狀態？

靈魂同步練習——

成為有意識的財富創造者

無論你是想要讓內在的小人物狀態昇華、尋找對自己而言更有趣也更有意義的工作、強化現有工作的影響力、為自己和所愛之人帶來財富，還是投入一項遠大的目標，靈魂同步法都能幫助你更有自信地成為有意識的財富創造者。

請進行頁六十一所列的靈魂同步練習步驟一至五。

到了步驟六，請想像或感受自己正體驗平靜勇敢的美好狀態。觀想自己懷抱深切的熱情過生活，為周遭的人創造改變；感覺財富源源不絕進入你的生命。

想像這對你自己、所愛之人、整個世界而言，將具有什麼意義。

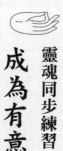

尾聲——

有關學院的問與答

——克里希納吉⊙撰

問：你們對幸福和財富的看法是什麼？

答：對我們來說，成功、美好的關係、成就和名聲，並非人生的全部。處於美好的意識狀態，也不是一切的解答。不管走向哪種極端，都會使人生失衡，唯有兩者兼容，才能開創美好的人生。

用個比較幽默的說法，完整的人生就是：「當個佛陀，開著賓士，與所愛的人在一起」。這句話的意思不是每個人都該追求奢華的生活，而是我們可以學習處在美好的意識狀態，汲取這個狀態的力量，為我們自己、所愛之人、周遭環境創造富足與愛。

四大神聖祕密就是為這份了不起的願景而生。我們相信，這些教導將會培養有意識的財富創造者、覺醒的父母、真摯的伴侶、快樂的個體，大家都會以轉化的意識狀態生活、工作。

從個人的角度來說，普瑞塔吉和我之間擁有豐盛、圓滿的關係，和我們的女兒洛卡也是如此；我們極為關心、尊重雙方的父母，喜歡指引學院團隊和成千上萬名學生。上述這些和其他許許多多的關係之所以圓滿，不是因為什麼理念和價值，而是因為我們身處的意識狀態。受苦不會在我們的意識中生根。

我們擁有強大的團隊、可靠的商業夥伴和執行長，協助我們經營事業，讓我們有餘裕實現促進人類意識轉化的使命。此外，宇宙也十分慷慨慈愛，贈予我們許多共時性。這一切能夠發生，不是因為我們掌握什麼管理祕訣，而是意識狀態的結果。

四大神聖祕密的目的，是帶給你豐盛的內在狀態和富足的外在生活，我們希望人人都有機會得到圓滿的人生。

問：大家去你們的學院是在學什麼？

答：O&O 學院是教導人類意識轉化的哲學和靜心學院，總校位於印度，我們為不同年齡、來自不同國家的人提供課程，以他們的語言進行教學，課程區分為好幾個學習級別，教學團隊全心致力於使學生的意識轉化。

當然，多數人最初都是在印度以外的地區接觸到學院。普瑞塔吉前往世界各地的大城市，主持為期四天的活動「重返豐盛之域」（Field of Abundance），並且在線上進行共計兩日的教學：「源頭與共時性」（Source & Synchronicities）和「活出無限」（Being Limitless）。

如果想要進一步了解我們的課程，請前往 O&O 台灣官網 ekam.org/tw。

問：你們的學院吸引人的地方在哪？

答：古代印度智者大力提倡要成為Dwijas，意即「重生之人」，也就是覺醒成為意識轉化的人，擺脫生命加諸的有限制約，進化成潛力無限的意識。任何人都能像這樣覺醒嗎？是的。所有歷史悠久的文化都曾探討深刻的靈性旅程，無數前人透過符號、神話、神聖的繪畫和建築，將有關這些歷程的祕密流傳後世。想想奧德修斯在攻破特洛伊之後回到伊塔卡島，約拿遭大魚吞入腹中，阿朱納上戰場前的信念危機，而在中國神話中，蛇會進入幽暗的洞穴，天亮後以蛟龍之姿出洞。這些故事絕非單純的娛樂，而是在描繪轉化蛻變，暗藏強大的智慧。

「過渡儀式」在許多文化中都是進化的關鍵，然而，多數人早已和這些試煉的蛻變與療癒力量切斷連結。一旦災難發生，或是生活漸漸變得苦悶失落（原因可能是雙親亡故、摯愛離開、夢想逐漸幻滅），我們將嘗到早在遠古之初，人類便承受至今的相同受苦。可是，儘管擁有令人嘖嘖稱奇的先進科技，現代社會卻無法為我們提供必要的工具，導致我們難以度過危機，無法獲得更開闊的意識狀態，來應對下一個人生階段。

我們的課程是專為幫助大家以和諧的方式度過每個人生階段，喚醒每個人都具備的潛能，展開深刻的轉化。我們常說，我們在學院教授、引導大家完成的課程，使他們蛻變為全新的人，掙脫令人束手無策、隨機運轉的命運之輪，為自己編寫嶄新的生命。我們分享的練習能幫助你以嶄新的觀點，檢視人生、關係與習慣。

自從我們開設學院以來，已經幫助了成千上萬的人，不僅針對人生基本問題尋求解答，更活出許多人覺得不可能的生活。我們教過十二歲的學生，也教過八十一歲的學生；他們來自世界各地，有人來自南韓，有人來自北加州。

有些人想要實現夢想，有些人想要放下痛苦的經歷。有些人反覆思考大哉問；怎樣才是真正愛自己或愛別人？怎樣才是真正活著？宇宙有意識嗎？

我有改變人生軌跡的力量嗎？

有些人反覆思考重大決定：我該維持這段關係嗎？該搬到大城市嗎？該為興奮刺激但不穩定的機會離職嗎？

有的追尋者致力於自我的全然解脫，擺脫受苦與斷連的幻相。

還有些追尋者之所以來找我們，是期盼直接體驗宇宙智慧或源頭。

來到學院的理由各自不同，但他們都是追尋者，渴望得到總是看似只有一步之遙的事物。他們每個人都是用不一樣的方式，詢問同一個基本問題：該怎麼做，才能得到那個虛無飄渺的東西？當然，我們無法為每個人解惑，可是我們可以針對這些問題，協助你找到適合自己的答案。藉由透徹的洞見、威力強大的奧妙過程、簡單的靜心，我們能夠幫助你完成這趟探索之旅。

問：你們對神有什麼看法？

答：神是一種主觀的體驗。不同的人對神有不同的定義，我們會協助追尋者了悟他們對神的觀點，從那以後，「神」對他們而言就再也不只是一個字眼。根據一個人所屬的文化，有些人會體驗到與神建立了個人關係，有些人體驗到的宇宙智慧為愛、仁慈與力量。我們越常身處美好狀態，就越容易與生活中的宇宙智慧建立連結。學院提供好幾種課程，幫助大家喚醒宇宙智慧。

問：意識到底是什麼？

答：意識就是一切。世間萬物都屬於意識，你也是。你身處於意識中，你即意識。意識既可以用邏輯理解，也屬於神祕的範疇。意識是物質，也是你對物質的體驗。

抱歉，這聽起來可能有點玄。牽涉到神祕領域時，以語言描述實屬不易，但不妨讓我們這樣說明看看。如果初昇的太陽是意識的實體層面，那麼太陽的絢爛和美麗（或是不絢爛不美麗）就是意識的經驗層面。如果你的新生兒是意識的實體層面，那麼你感受到的愛或對責任的恐懼就是意識的經驗層面。

我們以五感經驗的宇宙，就是意識的實體層面；對宇宙的主觀內在經驗，就是意識的經驗層面。在探索意識的實體層面時，主要是運用科學，至於內在或經驗層面的探索和轉化，則與真實的靈性有關。轉化的根本在於走出自我執迷的狀態（也就是我們所謂的「我意識」），邁向一意識。

問：能不能進一步闡釋剛才提到的「我意識」和「一意識」？

答：如果審視全世界的古老神話，無論是來自東方或西方，神話的內容都跟戰爭有關——神與魔的戰爭，光明與黑暗的戰爭。故事中，有時是神戰勝，有時是惡魔戰勝。

有時，戰爭發生在天堂，有時則發生在人間或陰間。可是，這場戰爭指的到底是什麼？究竟是發生在何處？其實，戰爭發生的地點就是我們的意識。

在我們看來，意識是個光譜，一端是所謂的我意識，另一端是所謂的一意識。

我意識指的是思想執迷地集中於自身，念頭開始緊扣「我、我、我」……我們的擔憂、焦慮、憤慨、享樂、渴望，這是自我沉溺的狀態。光譜這一端的意識是破壞性存在狀態的溫床，諸如不滿、憤怒、憎恨、恐懼、痛苦、控制欲和支配欲。我意識是所有受苦狀態背後運作的動力，我們對於自己是誰的自我感變得極其侷限。如果把自我感當成一個圓，那麼在我意識中，家人、小孩、朋友都不存在，任何事物都不存在。這是非常狹隘、有限、痛苦的存在經驗，在此狀態中，一切事物都處於萎縮，創意乾枯，能力下降，財富減少，關係脆弱不堪，我們覺得全世界都在與自己對抗。

在我意識中，我們無意識、衝動地做出某些行為，使自己和他人心生痛苦或蒙受損失。

當我們跨出重大的一步，從我意識邁向一意識，真實的生命轉化與意識進化將會發生。若以簡單的話來說明，一意識是指和自我與眾生擁有深刻的連結感，自我感涵蓋了我和他人、我和自然、我和地球、我和宇宙。在一意識當中，自我感將會逐步提升、拓展，直到沒有邊界，成為無窮無限的存在。

一意識不是一種特定狀態，而是擴展的存在狀態。在這樣的存在狀態中，你會在身邊創造極為和諧有力的能量場，吸引豐沛的巧合和魔法進入你的生命；你散發的智慧能夠擊破生命的挑戰，你照耀的愛能夠療癒所有傷痛，你開創的財富能夠支持的人數遠超乎你想像。遠離我意識，往不同層次的一意識前進，我們將這個旅程稱為覺醒或開悟。

問：什麼是覺醒？

答：意識進化之旅也稱為開悟、坐禪、三托歷、解脫、覺醒、自我了悟……等各式各樣的詞彙。為求單純，我們在此只探討「覺醒」。

所有的受苦狀態，無論是生存倦怠、恐懼、憤怒或是悲傷，都是一種白日夢魘，彷彿你明明醒著卻仍在做惡夢。

你記得從惡夢醒來的感覺嗎？你得花一陣子，才會意識到剛才的經歷是個惡夢，並非現實。當你終於清醒時，你會大大鬆一口氣。

古人認為，每種受苦狀態和斷連狀態都是白日夢魘，我們必須從惡夢中真正醒來。當我們徹底清醒，我們會因為大澈大悟的喜悅而微笑，並進入三種循序漸進的一意識：美好狀態、超驗狀態、開悟狀態。

覺醒就是從我意識醒來，進入一意識。關於這個主題，我們有機會再詳談。

問：在這本書裡，我們只讀到美好狀態，你們所說的另外兩種層次是什麼？意識不是只有兩種狀態（受苦狀態和美好狀態）嗎？

答：存在狀態只有兩種，這是真的。這兩種狀態分別是受苦狀態和非受苦狀態，沒有第三種狀態。

觀察受苦本身，你會發現，受苦最初都是源於乏味、惱怒、冷漠、緊繃等不愉快的狀態，這些受苦可能增強，轉變為不滿、憤怒、恐懼、不安、憂傷或孤獨的狀態，進而演變成生存倦怠、絕望、憂鬱、憎恨、抑鬱寡歡的執迷狀態。

至於非受苦狀態，同樣有個光譜。我們把非受苦狀態分成三種主要經驗層次：美好狀態、超驗狀態、開悟狀態，如果處於不同層次，你的生命經驗也會有所不同。意識是一片擁有無限海岸的海洋，我們選擇在這本書探討其中一個海岸：美好狀態。以下讓我們簡短說說這三個狀態。

美好的意識狀態，不是情緒高昂的極端狀態，而是內在思緒之聲不相互衝突的狀態。在美好狀態中，你感到與自我、他人、世界的連結更加緊密，活在當下的生活。平靜、連結、愛、慈悲、喜悅、祥和、真情、感恩、勇氣，這些都是美好狀態。我們每個人都有可能大部分的時間生活在美好狀態，只要我們的腦、身體和意識經歷轉化，即使再度產生受苦狀態，我們也能迅速將其化解，回歸美好狀態。

狂喜、法喜、普世之愛、和平、詳和、無懼，這些是不會長期持續的超驗狀態。當我們進入超驗狀態，我們將見證生命的脈動，順著生命之流前進；我們明白，樹木、地球、人類、眾生都與我們相互交融，我們無法與萬事萬物分割。這是非凡的狀態，只有在深沉的靜心和過程中才能體驗。在超驗狀態中，我們喚醒奧秘家的本質，有些人也會產生不可思議的靈視或超越五感的經驗。我們在學院注意到，這種高強度的狀態往往徹底改變人生。在開悟的意識狀態，你將超越物質與意識、神聖與世俗、自我與他人、神明與凡人、受苦與享樂的二元劃分，喚醒一體性。開悟狀態會在人類意識留下永久的印記。

一旦見識這些狀態，我們的日常生活經驗難道不會產生劇變？若活在我意識中，我們將有如年邁老朽的人，只能對著家中牆上掛的美麗海岸繪畫嘆息。如果超越我意識，探索更深層的一意識，我們將有如探索深海之美的冒險家，不必遭到受苦狀態主宰，能夠真正活著，生活會變得更有樂趣，同時又極為神聖。

地球上的每個人都擁有充滿潛力的大腦，可以體驗上述這些意識層次。我們學院正是致力於讓人類覺醒，從受苦狀態邁向這些美妙無比的狀態。

問：無限場域是什麼？書中有好幾個故事都提到了這個詞。

答：無限場域是一種媒介，讓我們體驗超驗、開悟的意識狀態。

我來解釋這是什麼意思。量子力學最著名的一個難題，就是電子到底是粒子還是波。

如果我們把電子視為粒子，代表電子只會出現在一個地方。如果我們把電子視為波，代表電子不是只侷限在同一地點，而且能夠影響的空間會廣闊得多。

同樣的道理，每個人都可以認為自己固定在肉身之中，擁有特定的一組記憶和生命經驗，這就像把自己視為粒子。

我們也可以把自己視為能夠影響旁人的波。

我們的意識能夠在周圍創造一個能量場，關於這點的證據人人都見過。我們知道，待在某些人身邊，就是能讓我們更平靜喜悅；我們很可能也體驗過，待在滿懷怒氣或憎恨的人身邊，感覺有多不舒服。

取決與我們本身的意識狀態，每個人都會在身邊創造出一個場域。如果你處於美好狀態中，也就是心懷愛、慈悲、平靜的狀態，身邊會產生一個能量場，即使你一個字都沒說，照樣會影響身邊的人。這是因為你不只是受限在肉體中的經驗，你就是意識。

長久以來，普瑞塔吉和我都享有這份神聖的天賦：能夠憑一己的意志，進入超脫二元的最高開悟狀態。古人把這種最高狀態稱為「Ekam」，這裡不存在隔閡，只存在浩瀚無邊的意識狀態。假如你和我們一同踏入這個無限場域，等於是進入了強大無比的能量場，足以超越空間影響你。在追尋者進入無限場域的時候，神經結構和神經化學將受到影響，使他們覺醒，進入強大的意識狀態。

無限場域是一個毫不費力的空間，那是自然而然發生的所在。

問：在本書開頭，你們提到了建造合一場域的過程，說那是一棟用來協助大家體驗覺醒的恢弘建築。可以多說些關於合一場域和這個建築的事嗎？

答：合一場域的名稱「Ekam」指的是，在肉身中所能夠經驗到的非二元性最高意識狀態。

合一場域是個充滿神祕力量的強大建築，我們建造它，是為了以下三大神聖目標：

1. 在這個空間，任何信仰、背景的人都能和宇宙智慧建立連結，在生命中需要做出重大決定時，將體驗更充沛的直覺。這是屬於神聖力量所在之地。

2. 合一場域的地點極為特殊，在此靜心可影響靈性能量中心，使宇宙能量流入人類意識。我們開創的課程能引領你進入開悟的意識狀態，大家在合一場域會體驗到最崇高的超驗境界。

3. 這個建築遵循了古老的神祕建造原則，能夠產生擴展效果。當上千萬人來此靜心時，合一場域會對大家的意識產生深遠的影響，帶往平靜。

合一場域是現代神聖建築的完美體現，每扇門、每扇窗、地面的每個花紋都具有深奧的涵義，和地球、宇宙的神聖療癒力量共鳴，並使其增強。合一場域的結構本身就是一種奧妙現象，能夠影響你的意識，提升至超驗的領域。在此靜心及參與課程時，你會進入強大的能量場，引導你邁向合一。合一場域的結構和我們分享的課程，都是為了引領靜心者的意識覺醒，好讓他們對人類的集體意識發揮更大的影響力。

合一場域每年舉辦三大節慶：豐盛節、和平節、開悟節。

說說合一場域豐盛節吧，這個活動有個核心宗旨。我們常無意識地落入一個基礎謬誤，以為人生是遵循線性的因果關係進行。

我們以為，只要找到靈魂伴侶，人生就會充滿愛；只要成功，我們就會感到圓滿；只要找到對的飲食方式，我們就能輕輕鬆鬆。可是，我們的生活其實更像次原子的世界，也就是先有果、才有因。

找到愛，靈魂伴侶自然會來。感到圓滿，成功自然降臨。進入深層的放鬆狀態，身體自然會捨棄或增加所需的體重。

我們身處的宇宙依循許多神聖法則來運作，但多數人都不知道這些法則的存在。

問：合一場域世界和平節是什麼？全球各地的人該怎麼參加？

答：讓我們先來談談和平對每個人的意義。

對多數人來說，想到和平的時候，首先會想到身穿灰西裝的人握手言和，決議停止核武軍備競賽或共同對抗邊境恐怖分子。這確實是一種開創和平的作為，但這種印象卻會造成一種迷思，誤以為大多數人只能袖手旁觀，無法積極促成世界和平。

但真是如此嗎？仔細想想，請真誠回答以下幾個問題。

- 你從小到大是否曾遭受情緒或身體虐待？
- 你人生中是否曾受分裂或疏離所苦？
- 你是否曾受他人製造的衝突影響？

每個曾受父母虐待的人，都明白和平的價值。每個經歷過痛苦的離婚或分開過程的人，都明白和平的價值。每個曾在職場、家庭、學校受到歧視的人，都明白和平的價值。

因此，這絕不是只有世界領袖和調停者該負責的事。

記住，我們的意識都是彼此連結的。發生在個體意識中的事，會在集體意識中受到反映與增強，有可能演變為暴力或戰爭。喚醒和平、為眾生的和平進行靜心，是推動世界走向和平的關鍵。

和平不是一種需要培養的美德，而是一種存在狀態，一種美好的存在狀態。

那麼，我們該如何終結衝突的內在狀態，顯化和平的外在世界？我們該如何真正使自己、家人、社群轉化？

先看看最常見的作法。透過道德教育（以價值觀為基礎的方法）、宗教教育（以信念為基礎的方法）、說理（著重於理解共同利益或損失的方法），對於創造和諧的社會來說真的有效嗎？

光憑教育，可以化解衝突嗎？

光憑培養美德，可以帶來轉化嗎？

即使透過理性或美德達成暫時的改革，如果希望產生長遠的轉變，勢必要處理戰爭與暴力的根源。在多數情況，每種暴力、每場戰爭的核心，都是使人做出破壞性言行的受苦狀態。

轉化內在狀態，是最能維繫和平的方法。

因此，合一場域世界和平節不是宣導和平主義，而是帶領大家的意識邁向和平，每年固定於八月舉辦。除了會有上千人前來合一場域參加之外，世界各地的和平使者也會在每晚上線，一起集體靜心，主題涵蓋和平的不同層面，例如宗教包容、友善對待動物、深深尊重女性和小孩、終結經濟剝削、提倡種族和諧共處。在第十一天，全球逾一百萬人會與合一場域連線，我們將在那裡一同為世界和平靜心。對這場慶典而言，合一場域的位置十分獨特，能夠增強效果，影響人類意識。

問：合一場域開悟節是什麼？我該怎麼參加？

答：回答之前，我要先提出另一個問題：開悟狀態有多少種？

我們的腦擁有超過十億個神經元、一千億個神經連結，所以，理論上我們可以體驗超過一千億種不同的開悟狀態！

然而，回顧有史以來不同文化提及的意識擴展狀態，可以從無限的獨特經驗中歸納出五個經典開悟意識狀態。

普瑞塔吉和我特別設計了合一場域開悟節，讓你有機會體驗這五個狀態。開悟節共計七天，往往吸引來自六十餘個國家的熱情追尋者。

不過，這場慶典並不是一生一次的冒險。這些狀態會改變你的腦化學，創造新的神經迴路，如此一來，無論在睡夢時還是清醒時，你都可以一次次回到這些讓人充滿法喜的狀態。

我們帶領你進入的體驗，將讓你成為真摯的追尋者，對開悟的生活方式滿懷熱情。待你回到世俗生活中，如果你面臨短暫的混亂和衝突，你會知道，你的意識中有個空間永遠不會受到波及。待你回到世俗生活中，如果你陷入受苦狀態，你會知道，你的意識中有個空間，那裡只有純粹的極喜。待你回到世俗生活中，如果你遭受分離的痛苦，你會知道，你的意識中有個空間，在那裡，他人與你不密不可分。

待你回到世俗生活中，如果你感到孤獨，或面臨死亡的恐懼，你會知道，你的意識中有個空間，在那裡，萬物合一，你即是一。

問：該如何進行本書提到的靜心？

答：你可以天天和我們一起練習。前往 www.breathingroom.com/meditations-in-chinese，取得本書內含的靜心，還有更多資訊。

四個神聖的秘密：關於愛與富足

THE FOUR SACRED SECRETS:
For Love and Prosperity, A Guide to Living in a Beautiful State

作者　普瑞塔吉（Sri Preethaji）、克里希納吉（Sri Krishnaji）
譯者　陳思穎
行銷企畫　劉妍伶
執行編輯　陳希林
封面設計　石慧如
版面構成　綠貝殼資訊有限公司

發行人　王榮文
出版發行　遠流出版事業股份有限公司
地址　臺北市南昌路 2 段 81 號 6 樓
客服電話　02-2392-6899
傳真　02-2392-6658
郵撥　0189456-1
著作權顧問　蕭雄淋律師
2021 年 04 月 01 日　初版一刷
定價新台幣 420 元

ISBN　978-957-32-8950-0
遠流博識網　http://www.ylib.com　E-mail: ylib@ylib.com
（如有缺頁或破損，請寄回更換）

遠流出版公司

國家圖書館出版品預行編目（CIP）資料

四個神聖的秘密：關於愛與富足／普瑞塔吉（Sri Preethaji）、克里希納吉（Sri Krishnaji）著；陳思穎譯 . -- 初版 . -- 臺北市：遠流出版事業股份有限公司，2021.04
304 面；14.8×21 公分
譯自：The four sacred secrets for love and prosperity : a guide to living in a beautiful state
ISBN 978-957-32-8950-0（平裝）
1. 成功法　2. 靈修　3. 生活指導
177.2　　109021997